2022 유심작품상 수상문집

2022 유심작품상 수상문집

초판1쇄 인쇄 2022년 7월 25일
초판1쇄 발행 2022년 8월 1일
엮은이 : 설악・만해사상실천선양회
펴낸이 : 김향숙
펴낸곳 : 인북스
주소 : 경기 고양시 일산서구 성저로 121, 1102-102
전화 : 031) 924 7402
팩스 : 031) 924 7408
이메일 editorman@hanmail.net

ISBN 978-89-89449-86-7 03810

값 12,000원

*잘못된 책은 바꾸어 드립니다.

2022 유심 작품상

인북스

유심작품상은…

독립운동가이자 불교사상가이며 《님의 침묵》을 쓴 탁월한 시인인 만해 한용운 선생(1879~1944)의 업적을 기리고 그 정신을 계승하고자 설악·만해사상실천선양회가 제정한 문학상이다. '유심작품상'이라는 명칭은 만해가 1918년 9월에 창간했던 잡지 《유심》에서 따온 것이다. 유심작품상은 만해문학정신을 계승하기 위해 2003년부터 시, 시조, 평론/소설 분야로 나누어 수상자를 선정, 시상해 왔으며 올해로 20회째 수상자를 배출했다.

지난해(2021.8.11) 만해마을에서 열린 제19회 시상식 기념사진

제20회 유심작품상

만해 한용운 선생의 문학적 업적을 기리고 현대 한국문학의 수준을 한 단계 높여준 작품을 발표한 문학인들을 격려하기 위해 제정한 '제20회 유심작품상' 수상자를 아래와 같이 발표합니다.

설악·만해사상실천선양회

부문별 수상자

시부문　　이문재(시인)
　　　　　　수상작 '혼자 혼잣말'

시조부문　이우걸(시조시인)
　　　　　　수상작 '국어사전'

소설부문　이상문(소설가)
　　　　　　수상작 '불호사(佛護寺)'

특별상　　신경림(시인)

제20회 유심작품상 심사위원

심사위원장　이근배(시인, 전 대한민국예술원회장)
심사위원　　박시교(시조시인)
　　　　　　유안진(시인)
　　　　　　홍기삼(문학평론가)

시상식: 2022년 8월 11일 오후 6시 강원도 인제 만해마을

■ 유심작품상 역대수상자

제1회 2003

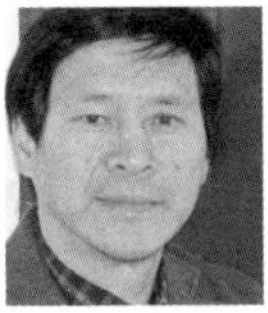
이상국(시)

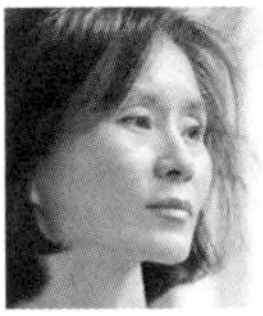
홍성란(시조)

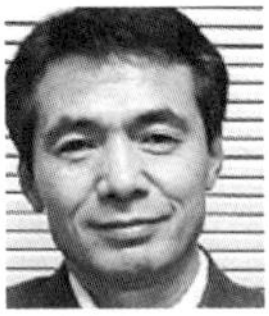
이남호(평론)

제2회 2004

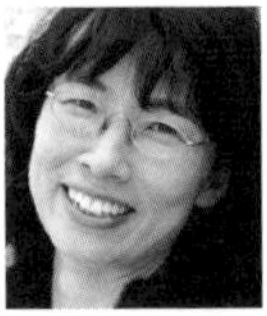
정끝별(시)

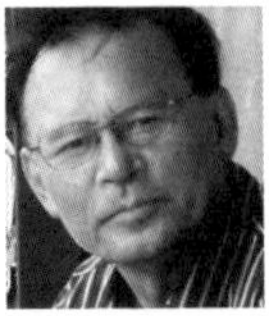
고정국(시조)

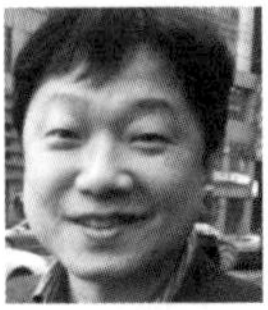
방민호(평론)

제3회 2005

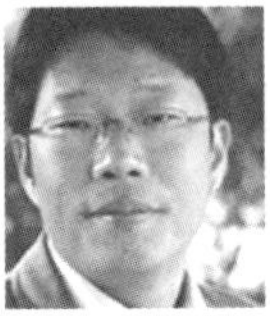
문태준(시)

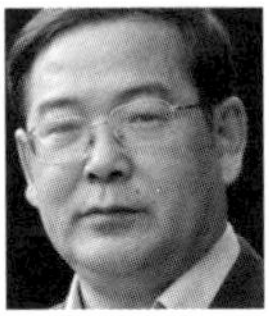
이지엽(시조)

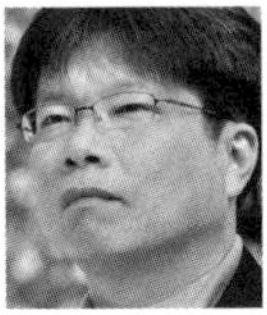
유성호(평론)

제4회 2006

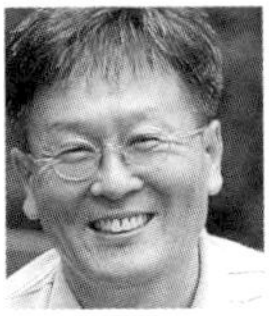
이은봉(시)

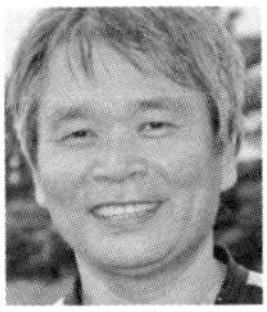
오승철(시조)

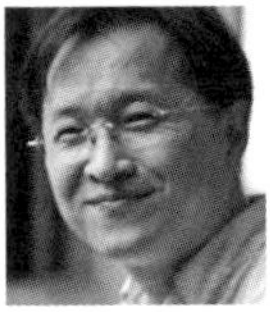
권혁웅(평론)

제5회 2007

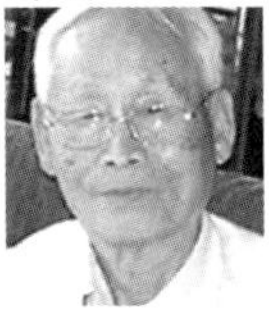
정완영(특별상)

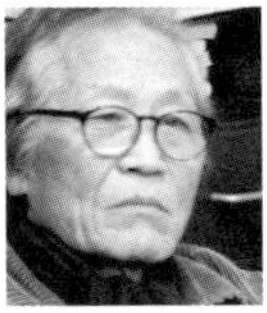
서정춘(시)

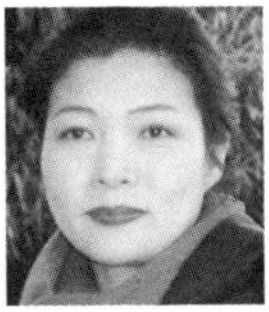
이 경(시)

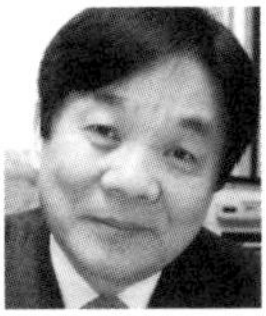
이근배(시조)

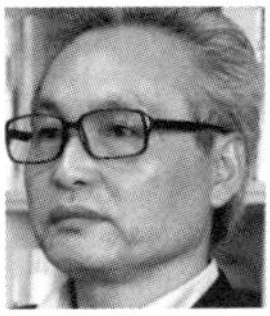
이상옥(평론)

제6회 2008

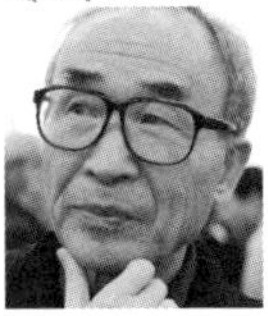
고 은(특별상)

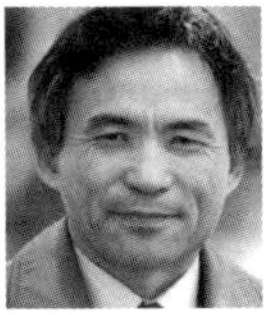
이가림(시)

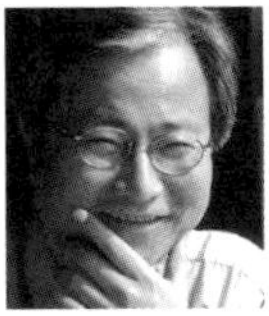
유자효(시조)

김종회(평론)

제7회 2009

김재홍(특별상)

유안진(시)

백이운(시조)

박찬일(평론)

제8회 2010

권기호(특별상)

김교한(특별상)

김초혜(시)

조동화(시조)

서준섭(평론)

제9회 2011

강은교(시)

김일연(시조)

홍용희(평론)

제10회 2012

이홍섭(시)

이종문(시조)

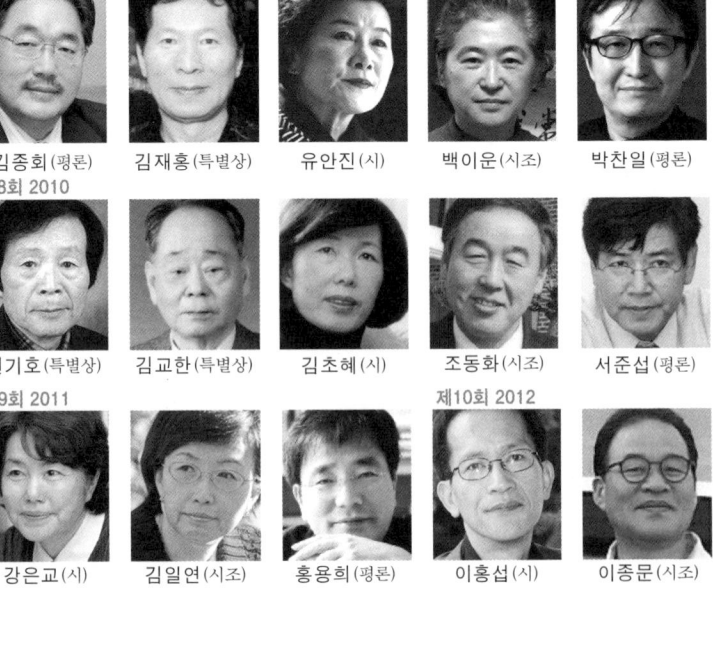

제11회 2013   제12회 2014

김광식(학술) 최동호(시)  박현수(학술) 신달자(시)  윤금초(시조)

제13회 2015

장영우(학술) 하인즈(특별상)  박형준(시)  김복근(시조)  이숭원(평론)

제14회 2016   제15회 2017

이영춘(특별상)  곽효환(시)  김호길(시조)  이도흠(학술) 권영민(특별상)

제16회 2018

나태주(시)  김제현(시조) 천양희(특별상)  고형렬(시)  박방희(시조)

제17회 2019

송준영(학술) 이상범(특별상)  이재무(시)  김영재(시조)  이경철(평론)

제18회 2020   제19회 2021

오탁번(특별상)  함민복(시)  박시교(시조)  이승하(평론) 한분순(특별상)

윤 효(시)

문무학(시조)

이경자(소설)

차 례

● 시부문 이문재

수상작·혼자 혼잣말_15
심사평_17
수상소감_19
근작·소년_22 만추_23 보통 사람을 위한 팡파르_24 천상의 메아리_26 꽃_28
자선대표작·농담_29 기념식수_30 농업박물관 소식_32 소금창고_33 오래된 기도_34 메타세쿼이아_36 흔들의자_38
등단작·우리 살던 옛집 지붕_39
자술연보_42
연구서지_45
수상자론·불화(不和)의 시작과 전환의 상상력 / 이성천_49

● 시조부문 이우걸

수상작·국어사전_73

심사평_74

수상소감_76

근작·이명_77 카페라떼_78 열쇠_79 귀뚜라미 바다_80 모자_81

자선대표작·팽이_82 옷_83 사무실_84 모란_85 비누_86 비 _87 이름_88

등단작·도리원 주변_89

자술연보_90

연구서지_93

수상자론·다른 꽃 다른 향기, 서정과 현실의 리듬 의식 / 홍성란_100

● 소설부문 이상문

심사평_123
수상소감_125
수상작·불호사(佛護寺)_127
자술연보_160
연구서지_171
수상자론·방생과 자비 / 장영우_173

● 특별상 신경림

심사평_193
수상소감_195
근작·눈이 온다_196 훨훨 새 떼가_197 비대면 시대의 여행_198 밤은 길고 길지만_199 그해 초여름_200
자선대표작·파장(罷場)_201 눈길_202 목계장터_203 가난한 사랑 노래_204 여름날_205 길_206 묵뫼_207 어머니와 할머니의 실루엣_208 떠도는 자의 노래_210 특급열차를 타고 가다가_211 낙타_212
등단작·갈대_213
자술연보_214
수상자론·우리 시의 높은 경지를 보여주다 / 이경철_216

제20회 유심작품상 시부문 수상자

이문재

수상작 · 혼자 혼잣말
심사평 · 깊고도 오래가는 울림
수상소감 · '시의 마음'을 일깨우는 시 쓸 터
근작 · 소년 등 5편
자선대표작 · 농담 등 7편
등단작 · 우리 살던 옛집 지붕
자술연보 및 연구서지
수상자론 · 불화(不和)의 시작과 전환의 상상력/ 이성천

이문재 / 1959년 김포 출생. 경희대 국문학과 졸업. 1982년《시운동》4집 통해 작품활동 시작.《문학동네》편집주간,〈시사저널〉기자, 경희사이버대 교수 등 역임. 시집으로《내 젖은 구두 벗어 해에게 보여줄 때》《산책시편》《마음의 오지》《제국호텔》《혼자의 넓이》《지금 여기가 맨 앞》 등과 산문집《바쁜 것이 게으른 것이다》등이 있다. 김달진문학상, 소월시문학상, 지훈문학상, 노작문학상, 박재삼문학상, 정지용문학상 수상. 현재 경희대 후마니타스칼리지 교수. slownslow@naver.com

시부문 수상작

혼자 혼잣말

낡은 것은 가고
새것은 오지 않고 있다고 합니다
호스피스와 산파가 동시에 필요한 시기
잘 배웅하고 또 잘 마중해야 한다는 것이지요
학교에서는 성찰하고 표현하라고 합니다
자기 이야기를 쓰는 저자가 되어야 한다는 겁니다
활동가들이 시장통을 지나 광장에서 모이자고 합니다
혼자는 혼자의 안팎을 살펴봅니다
아무리 들여다보아도 희미합니다 잘 안 보입니다
누가 무엇이 왜 혼자를 이렇게 만들었는지
이제는 화조차 나지 않습니다 절망하기에도
무력해지거나 우울해지기에도 힘이 듭니다
감정을 조절하는 감정이 고장 나고 말았습니다
혼자 근처에는 혼자와 다를 바 없는 혼자들뿐
어쩌면 낡은 것은 가지 않았는지도 모릅니다
떠나간 척하면서 안안팎에 숨어 있을지도 모릅니다
그리고 새것은 이미 지나갔는지도 모릅니다
오래된 미래는 오래된 책 속에만 있는 것 같습니다

혼자들이 낡은 것과 새것 부분과 전체 사이에서
과거와 미래 사이 이른바 도래했다는 인류세의 문턱에서
배웅하지도 못하고 마중을 나가지도 못하고 있습니다
혼자 안에도 혼자들이 혼자 밖에도 혼자들이
제자리에서 서성거리는 이상한 환절기입니다
우리 혼자는 끝이 시작되었다고 혼잣말을 합니다
끝이 시작되었다고 조만간 끝나고야 말 것 같은
마지막 끝이 시작되었다고

—《문학동네》 2021년 가을호

심사평

깊고도 오래가는 울림

　시인이란 아니 예술가란, 누구나, 아니 광화문 광장에서 외마디 구호를 외쳐대는 이들도 혼자라고 절감하고 말 것이다. 지난해 국립미술관 반가사유상 전시에 관람 갔다가, 혼자 온 혼자들을 혼자서 많이 봤다. 그 여감을 '혼자들이 함께'라는 제목으로 써서 발표한 적이 있다. 퇴근 후 관람을 온 관람객들 모습은 혼자들이 함께 그리고 혼자로서였다. 그래서 이 작품이 더 깊이 들어와 오래 머무르게 되었을까? 다시 한번 국립미술관 반가사유상 앞에서 혼자 서 있다가 혼자 돌아서던 혼자들 모습이 눈에 밟힌다. 여럿이었으나 다들 혼자였고, 혼자인 여럿들 혼자들이 함께 따로따로 반가사유상 앞에 혼자 서 있다가 혼자 나가곤 했던.
　우리 문단에 무슨 무슨 협회가 많아도, 시인은 모두가 혼자 아닌가. 혼자라야 혼잣말을 쓰게 되지. 동이불화(同而不和)가 되지. 그러면서도 존이구동(尊異求同)의 천지간 모든 생명으로 살아야 하지. 그래서 여러 작품에 '혼자'와 '혼잣말'이라는 어휘로서도 혼자들의 다름을 존중하고 함께 살아가는 생명 존재를 추구하는 혼자의 혼잣말의 시인. 이러저러해서 수상작으로 찍게 되었을까? 나는 8년째 혼자 산다. 내 인생에서 혼자인 적은 여러 번 있었으나 계속 8년째 혼자이긴 처음이고 앞으로도 혼자일 것이기에, 이래저래 이 작품에 눈물이 돌고 가슴이 콱― 했을까? 혼자의 넓이 높이 색깔 있음 없음 다름…이 다 달려오는 작품이었다.

소월시문학상을 비롯하여 굵직하고 무거운 문학상을 많이 받아온 이문재 시인의 여러 작품을 읽어왔지만, 이번의 〈혼자 혼잣말〉처럼 울림이 깊고도 오래가는 작품은 없었던 듯. 별난 꾸밈도 없는 필력(筆力)과 현실 비현실의 거침없는 이미지의 호출과 짜임새가, 마지막과 시작을 느낌 안으로 밖으로 끝도 없이 들락거리게 하며 이어지게 했다.

혼자 안에도 혼자들이 혼자 밖에도 혼자들이
제자리에서 서성거리는 이상한 환절기입니다

시인에게는 모든 계절이 환절기가 아닌가. 인류세(人類世)의 문턱에서, 아니 인류세인 줄도 몰랐던 오래전부터 깊숙이 들어와서는, 인류세를 오래 살아낸 혼자들의 과거와 미래는 분별과 구분을 불가능하게 하는, 고독 외로움 등의 때 전 어휘를 사절하는 '혼자'라는 우리말. 이 어휘 속에 갇혀서 뛰쳐나와서 도망쳐서 달아나도 결국은 혼자 안에 갇힘이고, 혼자 밖의 더 혼자라는 혼잣말에 '유심(唯心)이라는 이름의 작품상'이 가장 유심답다고, 앞으로도 혼잣말을 중얼거릴 뿐이고, 무수한 혼잣말에 혼자인 시인들은 혼잣말로 읽을 것이다. 심사평조차 혼잣말일 뿐인데, 굳이 수상자의 혼잣말에 얹힐 의도 전혀 없이. 좋은 작품 읽게 되어 감사하며, 또 축하해 마지않으면서.

심사위원 / 박시교, 유안진(글) 이근배, 홍기삼

수상소감

'시의 마음'을 일깨우는 시 쓸 터

　먼 곳에서 수상 소식을 들었습니다. 지난 4월 하순, 남미 콜롬비아의 수도 보고타에서 수상자로 결정되었다는 이메일을 받았습니다. 비행기로 스무 시간 남짓 걸리는 먼 나라까지 간 까닭은 보고타 도서전에 참가하기 위해서였습니다. 콜롬비아가 한국과 수교한 지 60년을 기념해 올해 도서전 주빈국을 한국으로 선정한 것입니다. 4월 20일 첫날에는 보고타 시내 마르케스도서관에서, 4월 22일에는 도서전 한국관에서 북 토크 형식으로 콜롬비아 독자들과 만났습니다.

　적도 바로 위, 그것도 해발 2천6백 미터가 넘는 고산지대에서 받아든 수상 소식은 조금 남달랐습니다. 만해의 문학정신이 고스란히 배어든 《유심》을 떠올리는 것만 해도 버거웠는데, 언어가 다른 외국 독자들 앞에서 한국 시문학의 한 자락을 알리는 곳에서 수상소감을 쓰려니 문장이 잘 이어지지 않았습니다. 제가 만해의 시로부터 받은 영향의 규모는 이루 헤아릴 수 없습니다. 시를 배우고 쓰고 가르칠 때 만해는 언제나 하늘 같은 존재였습니다. 특히 반어와 역설의 상상력은 만해가 아니었다면 제 시 안으로 들어오지 못했을 것입니다. 제가 산문집 제목을 만해의 시 한 구절('바쁜 것이 게으른 것이다')에서 가져온 것만 봐도 저의 시와 산문은 줄곧 '만해의 하늘' 밑에서 성장해왔습니다.

　다른 지면에도 짧게 썼지만, 보고타 도서전에서 만난 한 콜롬비아 독자가 제게 이런 말을 했습니다. "당신 시가 콜롬비아 농민들이 쓰는 노동요와 많이 닮아 있다." 글쎄요, 저는 그 말을 듣고 고개를 갸웃했더랬습니다. 스페인어로 번역된 저의 시 다섯 편에 농업이나 농촌을 배경으로 한 것이 없었기 때문입니다. 그런데 얼마 후 제 생각을 바꿨습니다. '땅에 뿌리 박은 삶', 즉 본질적인 것, 심층적인 것에 주목한다면 지역과 언어를 초월하는 보편성을 갖게 될 것이라고요. 그렇습니다. 제 시의 모어(母語)는 언제나 땅, 즉 천지자연이었습니다. 지구적 감수성을 독자와 공유하는 것이 제 시의 오랜 꿈이었습니다. 아직 이뤄지지 않은 '오래된 기도'라고 해도 좋겠습니다.

　보고타 도서전 가는 길에 에밀리오 바예호라는 라틴아메리카 시인의 시론을 읽었습니다. 바예호는 시를 '절반'만 쓴다는 것이었습니다. 자신은 '스케치'만 제시하고 나머지는 독자가 완성해야 한다는 지론인데, 저의 생각과 똑같아서 깜짝 놀랐습니다. 시인이 완성하는 시보다 독자에 의해 다시, 새로 쓰이는 시가 좋은 시라는 믿음을 붙잡고 있습니다. 덜 쓰는 시, 그래서 독자의 '시의 마음'과 만나 다시 태어나는 시. 그런 시를 쓰고자 하는데, 쉽지가 않습니다. 어디까지 써야 덜 쓰는 것인지, 어떻게 시를 열어놓아야 독자가 들어왔다가 나가며 자신의 시를 쓸 것인지 고민입니다.

　콜롬비아에서 문학의 역할에 관한 제 생각을 새삼 다잡았습니다. 19세기 초중반 독일에 유스투스 폰 리비히란 화학자가 있었는데요, 이분이 식물의 성장에 반드시 필요한 요소, 즉 질

소와 인산과 칼슘을 발견했습니다. 1840년에 발간한 이 분의 책 덕분에 인공 비료가 생산될 수 있었습니다. 이 분이 의도한 것은 아니었겠지만 공장에서 비료를 대량 생산하게 되면서 토질이 악화되고 수질이 급격하게 오염되기 시작했습니다. 그런데 이분이 의미 있는 법칙을 내놓았습니다. '리비히의 최소량의 원칙.' 식물에는 필수 영양분이 여럿 있는데 그중 어느 한 요소가 최소 기준을 채우지 못하면 다른 요소가 아무리 많더라도 식물이 성장하지 못한다는 것입니다.

저는 리비히의 최소량이 문학과 사회에 그대로 적용된다고 봅니다. 인간과 세계를 구성하는 조건이 다 갖춰진다 해도 '시의 마음'이 조금이라도 부족하다면 그 인간과 세계는 탈이 나도 크게 날 겁니다. 최소량을 충족시키면서 생명과 땅을 키우는 영양분. 저의 시가 보이지 않는 곳에서 '최소량의 영양분'을 증명했으면 하는 것인데, 욕심치고는 과욕이겠지요. 아직 '최소량'에서 멀기만 한 제 시를 눈여겨봐 주신 심사위원과 문학상을 운영하시는 모든 분의 노고에 거듭 감사드립니다.

이문재

근작 5편

소년

신도시
아파트 주차장 한구석
자전거 한 대 누워 있다
먼지를 뒤집어쓰고 있다
누가 소년을 놓고 갔나 보다
체인이 녹슬었다
왼쪽 페달이 없다
소년이 소년을 벗었나 보다
자전거가 버려진 이곳에서
어떤 길이 시작되었으리라
먼 곳이 시작되었으리라

―《시인시대》 2022년 봄호

만추

가을날
가을이 깊은 날
누가 있어 목련
목련 열매를 보려 하실까요

아무렴 그럴 리가요
어딘가에 속 깊은 분 계서서
첫눈 오신단 기별 있는 날이면
산수유 피어나던 그 자리도
매번 다시 찾으실 테지요

―《녹색평론》 2021년 11/12월호

보통 사람을 위한 팡파르*

아직 못 배웠다
화내지 않고 화내는 법
번 것보다 적게 쓰는 법도
여태껏 몸에 익히지 못했다
아버지가 물려주신 선산 땅을
결국 지키지 못했고 몇몇 벗에게
진 빚도 몇 년째 갚지 못하고 있다
친한 치과의사도 없고
한밤중에 연락할 수 있는 변호사도 없다
나는 집값을 누가 어떻게 정하는지
주식 시장의 보이지 않는 손이 무엇인지
정치와 정치인 국민과 국가 사이가
왜 그토록 멀기만 한 것인지
인간과 인류 인류와 천지자연 사이가
왜 이토록 아득해졌는지 잘 모르겠다
하지만 곰곰 되짚어보면
선물처럼 받은 은혜가 없지 않다
일일이 따져보지 않아도
내가 준 것보다 내가 받은 것이 훨씬 많다
하늘과 햇빛과 바람과 땅은 물론이고
저녁노을이며 풀벌레 소리 푸른 숲 달빛

토끼 같은 가족과 양 떼 같은 친구들
그렇다고 원수를 사랑하자는 마음이
생겨나는 것은 아니다 어쩌면 원수는
원수답게 대하는 것이 옳을지도 모르겠다
이번 생에 못다 배우고 갈지 모르겠다
화내지 않고 화내는 법
내가 번 것보다 적게 쓰는 법
서로 마음 상하지 않게 도움을 주고받는 법

* '보통 사람을 위한 팡파르'는 미국의 작곡가 에런 코플런드가 1942년 발표한 관현악곡으로 제2차 세계대전에 참전한 연합군 병사들과 전쟁으로 아픔을 겪고 있는 보통 사람들을 위로하기 위해 만들었다고 한다.

― 《녹색평론》 2021년 11/12월호

천상의 메아리

눈에는 눈꺼풀
입에는 입술이 있는데
귀에는 귀꺼풀이 없다
코에도 여닫는 것이 없다

잠잘 때도 두 귀는 사방으로 열어놓고
마음이 몸 밖으로 나가 떠돌아다닐 때도
숨쉬기는 쉬지 않아야 한다는 하늘의 마음

눈을 감아야 제대로 볼 수 있으며
입을 다물어야 말이 말다울 수 있다는
눈감고 입 다물어야 귀담아들을 수 있다는
태초부터 있어 온 하늘의 말씀

마음이 아니고 몸이 주인이라는
하늘의 너무나 분명한 메시지
너희 마음이 몸에 세를 든 것이라는
너희들 몸이 지구에 빌붙어 사는 것이라는
하늘의 지당하고 지엄한 오래된 경고

그럼에도 우리는

집주인이 누구인지조차 알려 하지 않느니
하루 24시간 귀 열어놓고도 듣지 못하고
태어나 죽을 때까지 숨을 쉬면서도
무엇이 들고나는지 알지 못하느니

—《문학동네》 2021년 가을호

꽃

꽃은 닮지 않는다
자기를 피워올린 푸나무와
닮은 구석이 전혀 없다
줄기 가지 뿌리 잎사귀
그 어느 것하고도 같지 않다

꽃의 배반인가
아무렴, 그럴 리 만무하다
수백만 년 다듬어온 생존전략일 터
꽃이 푸나무와 똑같이 생긴다면
어떤 벌나비 눈에 들겠는가

피어나는 꽃이 묻는다
그대는 누가 피워 올린 꽃인가
지는 꽃이 재차 캐묻는다
그대는 무엇을 닮지 않은 꽃인가
그대는 어떤 벌나비를 불러들였는가

―《서정시학》 2022년 봄호

자선 대표작 7편

농담

문득 아름다운 것과 마주쳤을 때
지금 곁에 있으면 얼마나 좋을까 하고
떠오르는 얼굴이 있다면 그대는
사랑하고 있는 것이다

그윽한 풍경이나
제대로 맛을 낸 음식 앞에서
아무도 생각하지 않은 사람
그 사람은 정말 강하거나
아니면 진짜 외로운 사람이다

종소리를 더 멀리 내보내기 위하여
종은 더 아파야 한다

— 《제국호텔》(2004)

기념식수

형수가 죽었다
나는 그 아이들을 데리고 감자를 구워 소풍을 간다
며칠 전에 내린 비로 개구리들은 땅의 얇은
천장을 열고 작년의 땅 위를 지나고 있다
아이들은 아직 그 사실을 모르고 있으므로
교외선 유리창에 좋아라고 매달려 있다
나무들이 가지마다 가장 넓은 나뭇잎을 준비하러
분주하게 오르내린다
영혼은 온몸을 떠나 모래내 하늘을
출렁이고 출렁거리고 그 맑은 영혼의 갈피
갈피에서 삼월의 햇빛은 굴러떨어진다
아이들과 감자를 구워 먹으며 나는 일부러
어린 왕자의 이야기며 안데르센의 추운 바다며
모래사막에 사는 들개의 한살이를 말해주었지만
너희들이 이 산자락 그 뿌리까지 뒤져본다 하여도
이 오후의 보물찾기는
또한 저문 강물을 건너야 하는 귀갓길은
무슨 음악으로 어루만져주어야 하는가
형수가 죽었다
아이들은 너무 크다고 마다했지만
나는 너희 엄마를 닮은 은수원사시나무 한 그루를

너희들이 노래 부르며
파놓은 푸른 구덩이에 묻는다
교외선의 끝 철길은 햇빛
철 철 흘러넘치는 구릉지대를 지나 노을로 이어지고
내 눈물 반대쪽으로
날개도 흔들지 않고 날아가는 것은
무한정 날아가고 있는 것은

— 시집《내 젖은 구두 벗어 해에게 보여줄 때》(1988)

농업박물관 소식
―우리 밀 어린싹

만일 지금 예수가 오신다면
십자가가 아니라 똥짐을 지실 것이라는
권정생 선생의 글을 읽었다

점심 먹으러 갈 때마다 지나다니는 농업박물관
앞뜰에는 원두막에 물레방아까지 돌아간다
원두막 아래 채 다섯 평도 안 되는 밭에
무언가 심어져 있어서 파랬다
우리 밀, 원산지: 소아시아 이란 파키스탄이라고 쓴
푯말이 세워져 있었다

농업박물관 앞뜰
나는 쪼그리고 앉아 우리 밀 어린싹을
하염없이 바라다보았다
농업박물관에 전시된 우리 밀
우리 밀, 내가 지나온 시절
똥짐 지던 그 시절이
미래가 되고 말았다
우리 밀, 아 오래된 미래

나는 울었다

― 시집 《마음의 오지》(1998)

소금창고

염전이 있던 곳
나는 마흔 살
늦가을 평상에 앉아
바다로 가는 길의 끝이다
지그시 힘을 준다 시린 바람이
옛날 노래가 적힌 악보를 넘기고 있다
바다로 가는 길 따라가던 갈대 마른 꽃들
역광을 받아 한 번 더 피어 있다
눈부시다
소금창고가 있던 곳
오후 세 시의 햇빛이 갯벌 위에
수은처럼 굴러다닌다
북북서진하는 기러기 떼를 세어보는데
젖은 눈에서 눈물 떨어진다
염전이 있던 곳
나는 마흔 살
옛날은 가는 게 아니고
이렇게 자꾸 오는 것이었다

— 시집 《제국호텔》(2004)

오래된 기도

가만히 눈을 감기만 해도
기도하는 것이다.

왼손으로 오른손을 감싸기만 해도
맞잡은 두 손을 가슴 앞에 모으기만 해도
말없이 누군가의 이름을 불러주기만 해도
노을이 질 때 걸음을 멈추기만 해도
꽃 진 자리에서 지난 봄날을 떠올리기만 해도
기도하는 것이다.

음식을 오래 씹기만 해도
촛불 한 자루 밝혀놓기만 해도
솔숲 지나는 바람 소리에 귀 기울이기만 해도
갓난아기와 눈을 맞추기만 해도
자동차를 타지 않고 걷기만 해도

섬과 섬 사이를 두 눈으로 이어주기만 해도
그믐달의 어두운 부분을 바라보기만 해도
우리는 기도하는 것이다.
바다에 다 와 가는 저문 강의 발원지를 상상하기만 해도
별똥별의 앞쪽을 조금 더 주시하기만 해도

나는 결코 혼자가 아니라는 사실을 받아들이기만 해도
나의 죽음은 언제나 나의 삶과 동행하고 있다는
평범한 진리를 인정하기만 해도

기도하는 것이다.
고개 들어 하늘을 우러르며
숨을 천천히 들이마시기만 해도.

— 시집《지금 여기가 맨 앞》(2014)

메타세쿼이아

당신
당신이 보이지 않을까 싶어
곧추서 있습니다

멀리서
여기가 보이지 않을까 싶어
이렇게 큰 키입니다

혼자서는
견디지 못해 여럿입니다
기다리기 힘들어지면
여럿이서 더 먼 데를 바라봅니다

행여 어두운 밤길에 오르시면
길 밖으로 나가실지도 몰라
이렇게 바투 선 두 줄입니다

이토록 높고 길고 나란한 우리는
저마다 온몸이 눈이고 귀입니다
오지 않는 당신 때문에
여럿이면서 하나입니다

하나이면서 여럿입니다

— 시집《혼자의 넓이》(2021)

흔들의자

신도시 아파트 주차장

빨간 주차금지 표지판 옆

흔들의자 혼자 앉아 있다

왼쪽 어깨가 기울었다

누가 내놓은 모양이다

흔들어도 안 흔들렸나 보다

흔들지 않아도 흔들렸나 보다

— 시집 《혼자의 넓이》(2021)

등단작

우리 살던 옛집 지붕

마지막으로 내가 떠나오면서부터
그 집은 빈집이 되었지만
강이 그리울 때 바다가 보고 싶을 때마다
강이나 바다의 높이로 그 옛집 푸른 지붕은
역시 반짝여주곤 했다
가령 내가 어떤 힘으로 버림받고
버림받음으로 해서 아니다 아니다
이러는 게 아니었다 울고 있을 때
나는 빈집을 흘러나오는 음악 같은
기억을 기억하고 있다

우리 살던 옛집 지붕에는
우리가 울면서 이름 붙여준 울음 우는
별로 가득하고 땅에 묻어주고 싶었던 하늘
우리 살던 옛집 지붕 근처까지
올라온 나무들은 바람이 불면
무거워진 나뭇잎을 흔들며 기뻐하고
우리들이 보는 앞에서 그해의 나이테를

아주 둥글게 그렸었다
우리 살던 옛집 지붕 위를 흘러
지나가는 별의 강줄기는
오늘 밤이 지나면 어디로 이어지는지

그 집에서는 죽을 수 없었다
그 아름다운 천장을 바라보며 죽을 수 없었다
우리는 코피가 흐르도록 사랑하고
코피가 멈출 때까지 사랑하였다
바다가 아주 멀리 있었으므로
바다 쪽 그 집 벽을 허물어 바다를 쌓았고
강이 멀리 흘러나갔으므로
우리의 살을 베어내 나뭇잎처럼
강의 환한 입구로 띄우던 시절
별의 강줄기 별의 어두운 바다로 흘러가
사라지는 새벽 그 시절은 내가 죽어
어떤 전생으로 떠돌 것인가

알 수 없다
내가 마지막으로 그 집을 떠나면서
문에다 박은 커다란 못이 자라나

집 주위의 나무들을 못 박고
하늘의 별에다 못 질을 하고
내 살던 옛집을 생각할 때마다
그 집과 나는 서로 허물어지는지도 모른다 조금씩
조금씩 나는 죽음 쪽으로 허물어지고
나는 사랑 쪽에서 무너져 나오고

알 수 없다
내가 바다나 강물을 내려다보며 죽어도
어느 밝은 별에서 밧줄 같은 손이
내려와 나를 번쩍
번쩍 들어 올릴는지

―《시운동》 4집, 1982년

자술연보

- 1959년 1959년 경기도 김포군 검단면(현 인천광역시 서구)에서 이강준·김용녀의 4남 1녀 중 4남으로 출생. 부모는 황해도 출신 피란민으로 평생 농사를 지었음.

- 1975년 검단초·중학교를 거쳐 인천고 입학. 검단에서 인천 석바위까지 버스 통학.

- 1978년 경희대 국문과 입학. 황순원, 조병화 교수를 비롯해 신덕룡, 하재봉, 박남철, 고원정 등의 선배와 류시화(안재찬), 박덕규, 김형경, 이혜경 등 동기, 그리고 이산하, 하응백 등 후배 등의 영향을 받으며 문학에 입문.

- 1982년 군 복무 중 《시운동》 4집을 통해 작품활동 시작.

- 1983년 졸업을 앞두고 잡지사 기자로 사회에 발을 디딤. 이후 2005년까지 기자 생활.

- 1986년 전경하와 결혼.

- 1988년 박덕규의 주선으로 첫 시집 《내 젖은 구두 벗어 해에게 보여줄 때》(민음사) 출간. 딸 이혜상 출생.

- 1993년 두 번째 시집《산책시편》(민음사) 출간.

- 1994년 시인·평론가 남진우와 함께《문학동네》편집위원 활동 시작.

- 1995년 김달진문학상 수상.

- 1997년 아들 이주영 출생.

- 1998년 《문학동네》편집주간.

- 1999년 세 번째 시집《마음의 오지》(문학동네) 출간.

- 2000년 《문학동네》에서〈시사저널〉기자로 복귀.

- 2002년 소월시문학상 수상.

- 2003년 시인론집《내가 만난 시와 시인》(문학동네) 발간. 추계예대 문창과 겸임교수.

- 2004년 네 번째 시집《제국호텔》(문학동네) 출간. 격월간《녹색평론》편집자문위원.

- 2005년 지훈문학상 수상. 기자 생활 청산. 평양에서 열린 남북작가회의 참가.

- 2007년 엮은 시집《꽃이 져도 너를 잊은 적 없다》(이레) 발간. 노작문학상 수상.

- 2008년 김소월과 백석을 생태적 관점에서 비교 분석한 논문으로 박사학위 취득.

- 2009년 경희사이버대 미디어문예창작학과 교수. 산문집 《바쁜 것이 게으른 것이다》(호미) 출간.

- 2010년 시민을 대상으로 하는 자기 성찰 글쓰기 강좌('나를 위한 글쓰기') 개설

- 2012년 경희대 후마니타스칼리지로 자리를 옮김.

- 2014년 다섯 번째 시집《지금 여기가 맨 앞》(문학동네) 출간.

- 2015년 박재삼문학상 수상.

- 2021년 여섯 번째 시집《혼자의 넓이》(창비) 출간. 정지용문학상 수상.

- 2022년 '60+기후행동' 운영위원으로 활동하는 한편, 시민을 대상으로 하는 글쓰기 강좌를 확산시키고 있음.

연구서지

최동호〈방랑자의 길과 편력시대〉《내 젖은 구두 벗어 해에게 보여줄 때》민음사, 1988.

정효구〈도보고행승, 산책자, 느림보 – 이문재론〉《몽상의 시학》민음사, 1988.

장정일〈추억의 집, 현실의 길〉《산책시편》민음사, 1993.

도정일〈몸의 반란〉《동서문학》1999년 여름호.

권혁웅〈'오래된 미래'로 난 길-이문재 시의 역학〉《문학동네》2002년 가을호.

이재복〈마음의 오지, 느림의 언어: 이문재론〉《몸》하늘연못, 2002.

이홍섭〈'노래'와 '발견'을 지나 '깨달음'으로 나아가는 여정〉《제17회 소월시문학상 작품집》문학사상, 2002.

이희중〈'젖은 구두'와 '해'의 사이〉《지구의 가을 – 제17회 소월시문학상 작품집》문학사상, 2002.

고종석〈제국에서 달아나기, 제국에서 맞서 싸우기〉《제국호텔》문학동네, 2004.

김　훈〈억압/자유 사이의 삶 – 이문재 '내 젖은 구두 벗어 해에게 보여줄 때'〉《내가 읽은 책과 세상》푸른숲, 2004.

김수이〈1990년대 문학에 나타난 새로운 생태의식 고찰: 김용택, 김영래, 이문재를 중심으로〉《어문연구》2005.

이연승〈문명과의 길항과 사랑의 시학 – 이문재 시집 '제국호텔'〉《생성의 시학》월인, 2005.

문홍술〈인간에 대한 비판: 이문재〉《문학의 본향과 지평》서정시학, 2007.

신형철〈반성, 몽상, 실천 - 이문재 시의 근황〉《노작문학상수상작품집 7》동학사, 2007.

장석원〈비움과 채움 그로 설움 - 이문재 시집 '제국호텔'〉《낯선 피의 침입》서정시학, 2007.

장석주〈이문재, '느림'에 싣는 농경사회적 세계관〉《20세기 한국문학의 탐험 5 1989~2000》시공사, 2007.

김홍진〈탈근대 문명과 산책자의 대항적 사유: 이문재론〉《한국언어문학》2008.

이혜원〈도시생태의 시적 수용과 전망 - 이하석, 최승호, 이문재의 시를 중심으로〉《문학과환경》2008.

신형철〈소금창고에 대해 말해도 될까〉《느낌의 공동체》문학동네, 2011.

조용호〈인터뷰 - 젖은 눈 떨어지던 눈물 밭〉《시인에게 길을 묻다》섬앤섬, 2011.

나희덕〈시와 농업, 오래된 미래: 이문재 '농업박물관 소식'〉《한 접시의 시》창비, 2012.

오형엽〈소음과 소통 - 김기택·이문재의 시〉《환상과 실재》문학과지성사, 2012.

김예리〈80년대 '시운동' 동인의 상상력과 감각의 언어 - 언어의 존재 결핍에 대응하는 세 방식〉《한국현대문학연구》2013.

신형철〈지금 여기가 맨 앞인 이유〉《지금 여기가 맨 앞》문학동네, 2014.

이광호 〈시는 손으로 왔다 – 이문재론〉《문학동네》 2014년 봄호.

정효구 〈아프도록 게을러 보고 싶지 않은가요?〉《시 읽는 기쁨 2》 작가정신, 2014.

김홍진 〈도시 산책자와 시선 표상의 의미 양상: 이문재, 유하, 고진하의 시를 중심으로〉《국어문학》 2015.

김도언 〈불가능한 것과 대치하기, 분노와 체념의 태도〉《세속도시의 시인들》 위즈덤하우스, 2016.

오태호 〈지구인의 관계적 상상력 – 이문재론〉《허공의 지도》 새미, 2016.

김홍진 〈한국 현대시에 나타나는 대지의 상상력과 공동체 의식 양상 – 신동엽, 정현종, 이문재의 시를 중심으로〉《한국문화기술》 2017.

엄태정 〈이문재 시의 언어 연구〉 고려대학교 대학원 석사논문, 2018.

이형권 〈'맨 앞'의 아포리아와 '수리'되는 에피그램〉《공감의 시학》 천년의시작, 2017.

이혜원 〈이문재 시에 나타난 생태의식〉《문학과환경》 2017.

심보선 〈대담 – 시인을 찾고 있는 시인〉《문학동네》 2019년 가을호.

황현산 〈인내하는 자의 농업 – 이문재, '마음의 오지'〉《잘 표현된 불행》 난다, 2019.

김예리 〈자기 배려를 통한 인간 주체성의 탐색과 생태담론의 새로운 가능성 – 90년대 생태문학 담론과 이문재의 시를 중심으로〉《한국문학이론과 비평》 2021.

문혜원 〈체화된 생태시와 지구적인 상상력〉《1980년대 한국 시인론》국학자료원, 2021.

성민엽〈일탈의 시학 – 김중식과 이문재〉《문학의 숲으로》문학과지성사, 2021.

신철규〈대담 – 시 이전의 시, 시 너머의 시〉《창작과비평》2021년 가을호.

우재영〈이문재 시의 생태의식 연구〉한국교원대학교 대학원 석사논문, 2021.

이홍섭〈'처음'을 향한 간절한 발원〉《혼자의 넓이》창비, 2021.

심동욱〈이문재 시의 길 이미지 연구〉고려대학교 대학원 석사논문, 2022.

이문재론

불화(不和)의 시작과 전환의 상상력

이성천

1. 불화의 시작(始作/詩作)

　불화(不和)가 시작되었을 때, 이문재의 시작(詩作)도 시작되었다. 이문재 시의 오래된 독자라면, 그의 첫 시집 《내 젖은 구두 벗어 해에게 보여줄 때》(민음사, 1988)가 대체로 불화의 서사였다는 사실을 기억할 것이다. 1982년 《시운동》에서부터 6년간의 작품을 모아 놓은 이 시집에는 문청 시기 시인 내면의 불화가 겹겹이 쌓여 있다. 결핍과 상실의 경험이 재구하는 유년 시절과 막막하고 견고한 세계와의 즉자적 대면은 청년 이문재의 심리적 불화를 부추기는 일차적 요인이었다. 여기에 가난으로 점철된 생활세계에서의 반사적 탈주 욕망과 시인 특유의 외롭고 쓸쓸하고 높았던 자의식은 불화의 세계상을 겹의 서사로 직조했다. "언제, 살아 있다는 것이 죄가 되지 않을까"(〈자서〉)라는 시인의 자조 섞인 물음은 첫 시집이 내장한 불화의 강도를 어느 정도 짐작하게 한다. 아울러 "나는 시를 쓰지 않고 받아 적었다"라는 후일 그의 고백은《내 젖은 구두 벗어 해에게 보여줄 때》의 불화가 이미 태생적으로 예고되어 있었거나, 혹 '운명적 불화'였음을 증명하고도 남음이 있다.

그 후로도 오랫동안 이문재 시 세계의 불화는 계속되었다. 아니, 시력 40년에 달하는 이문재의 시편들은 불화의 연속이자, 불화의 역사 그 자체이다. 저 '운명적 불화'에서부터 "미래와의 불화"(〈시인이 쓰는 시 이야기〉《마음의 오지》)를 거쳐 최근의 '거대한 불화'에 이르기까지, 이문재 시의 과거와 현재(미래)에는 모두 불화의 상상력이 개입한다. 시적 불화의 분위기가 지배적이다.

차이가 있다면, 첫 시집의 불화가 "여러모로 누추하였다"(〈편집〉《내 젖은 구두 벗어 해에게 보여줄 때》)던 개인사적 체험과 젊은 시인의 방랑자적 감수성에서 비롯되는 데 비해, 나중의 시집들에서 그것은 개별존재의 차원을 넘어〈문명과 그 불만〉의 역사철학적 구도, 급기야는 전 지구적 문제로 점차 확장된다는 점이다. 다시 말해 이문재 시에서 불화의 상상력은《산책시편》(민음사, 1993),《마음의 오지》(문학동네, 1998),《제국호텔》(문학동네, 2004),《지금 여기가 맨 앞》(문학동네, 2014),《혼자의 넓이》(창작과비평사, 2021)를 상재하는 동안 시공간의 영역을 확장하며 진화(進化, 鎭火)를 거듭하고 있었다.

2. 미래와의 불화 혹은 산책과 '농업'의 은유

두 번째 시집 《산책시편》의 시적 불화는 다분히 세기말적이고 도시적이다. 세기말을 즈음하여 한국 사회에서 본격적으로 제기된 이른바 '비합리적 합리성'에 관한 비판적 패러다임이 이문재의 시편들에 고스란히 이월되어 있다. 물론 이문재는 보편적 이성 중심으로 재편된 현대사회의 모순성을 장황한 언어로 직격하지 않는다. 그의 시는 근대 동일성 담론의 왜곡된 논리가 전일적으로 지배하는 세계와의 불화를 거친 억양과 투박한 시어로 몰아붙이는 법이 없다. 대신에 시인은 문명화된 도시를 소요(逍遙)하거나 그곳의 우울한 풍경을 집요하게 응시함으로써 발전과 진보의 논리에 역행한다. 거대도시가 "싫어하는" 일들을 하나둘씩 도모함으로써 도시적 삶과의 불화를 유도하고, 획책한다. 첨단도시의 한복판으로 거미와 민들레와 칸나와 어미소 같은 자연 생명체를 시도 때도 없이 불러들이는 일, "반딧불이 천연기념물이라고 한다"(〈지하철 정거장에서 – 副詞性·6〉)와 〈잘 썩은 풀은 깨끗하다〉처럼 이미 익숙해진 비보(悲報)와 공공연한 자연법칙을 도시 사람들에게 밑도 끝도 없이 고지하는 일, 사랑과 그리움과 부끄러움의 감정에 잠재된 본연의 '힘'을 기억하고 간직하는 일 등은 이문재가 조장하는 불화의 구체적 내용이다. 특히 이 과정에서 시인은 〈산책〉을 방법적으로 선택함으로써 세속도시와의 불화를 극대화한다.

이곳에선 아무도 걷지를 않습니다/ 내쳐 달리거나 길바

닥 위에서/ 쓰러질 뿐입니다// 이 도시는 느슨한 산책을 아주/ 싫어하는 모양입니다 산책은 아니/ 산책만이 두 눈과 귀를 열어준다는 비밀을/ 이 도시는 알고 있는 것이겠지요/ 도시는 사람들에게 들키고 싶어 하지/않는다고 하더군요 저 반짝이는/ 유토피아에의 초대장들로 길 안팎에서/ 산책을 훼방하는 것이지요// 도시는 단 한 사람의 산책자도/ 인정하지 않으려 합니다 느림보는/ 가장 큰 죄인으로 몰립니다/ 게으름을 피우거나 혼자 있으려 하다간/ 도시에게 당하고 말지요/ 이 도시는 산책의 거대한 묘지입니다
— 〈마지막 느림보 – 散策詩·3〉 전문(《산책시편》)

〈마지막 느림보 – 산책시·3〉은 도시를 의인화함으로써 산책(자)과의 갈등 양상을 표면화한다. 이 시에서 도시가 "느슨한 산책을 아주/ 싫어하는" 이유는 간단하다. "산책만이 두 눈과 귀를 열어준다는 비밀을" "이 도시는 알고 있는" 까닭이다. 그래서 도시는 "단 한 사람의 산책자도/ 인정하지 않으려" 한다. "이 도시"는 "저 반짝이는/ 유토피아에의 초대장들로 길 안팎에서/ 산책을 훼방"한다. 그런데 사실 "이 도시"가 "알고 있는" "비밀"이란 역설적으로 도시가 "사람들에게 들키고 싶어 하지/ 않는" 비밀이기도 하다. 그 비밀이란 가령, 이렇다—정보와 속도가 장악한 "이 도시"는 물질문명의 부박한 논리와 환원주의적 사유 방식으로 구조화되어 있다. 그러므로 부질없는 욕망의 환각만이 팽배해진 "이 도시"에서 〈느림의 미학〉을 견지하는 "느림보"의 산책은 치명적이다. 그래서 그는 "가장 큰 죄인"이다. 최종적으로 세속도시의 급소는 "산책(만)"이

다, 등등.

이문재의 〈마지막 느림보 – 산책시·3〉은 이처럼 도시와 "느림보"의 불화를 통해 이기적 문명의 맹목적성을 경계한다. 헛된 "유토피아에의 초대장"에 현혹되어 인간적 삶의 가능성을 탕진한 세속도시의 현장을 유쾌하게 풍자한다. 이 시에서 "마지막 느림보"는 어쩌면 본원적 마음의 "두 눈과 귀"를 상실해 가는 도시 사람들에게 일종의 〈마지막 잎새〉일지도 모른다. 느림보의 산책은 현대의 일상인들이 잃어(잊어)버린 존재 사유를 항시 동반하기 때문이다. 진정한 "산책은, 산책로 밖에 있어야 했다"(〈산책로 밖의 산책 – 산책시·8〉)라거나 "산책을 잃으면 마음을 잃는 것"(〈저녁 산책〉)이라는 시인의 낮은 읊조림이 육중한 울림으로 다가오는 것도 이러한 사정에서 기인한다.

한편 세속도시의 경박성에 대한 대응 방식이 "느림보"의 산책이었다면, 세 번째 시집에서 시인은 "내 시의 최근은 농업"임을 선언하며 대응 양상을 달리한다.《마음의 오지》에서 이문재의 시는 '농업'이라는 은유를 전유하며 세계와의 불화를 새롭게 꿈꾸고 있는 것이다. 물론 이 새로운 불화의 시작이 곧장 시적 사유의 단절 또는 변화를 의미하는 것은 아니다. 서둘러 말하자면, 이문재의 전체 시편들은 공히 문명의 과속과 과잉을 우려하는 생태적 세계관을 기반으로 한다. 생태 담론은 언제나 지금, 이곳의 문제이다.

농업박물관이라 – 불과 30년 사이에 농업은 박물관으로 들어가게 되었습니다/ 우리 아버지가 박물관에 들어간 꼴이지요/ 내 아들은 학교에 들어가서 농부였던 할아버지를 농업박물관에서 관람하겠지요/ 농업박물관 앞뜰에는 막 목화가 벙글고 있었습니다/ 벙글어서 하얀 솜을 내밀고 있는 목화는 고체에서 바로 기체가 되는 승화처럼/ 보였습니다 꽃에서 곧바로 솜이 되는 꽃 – 우리 아버지는 목화였습니다/ 이 아들을 거쳐 손자에게 가지 못하고 곧바로 박물관으로 가신 것이지요

— 〈농업박물관 소식 – 목화 피다〉 부분(《마음의 오지》)

점심 먹으로 갈 때마다 지나다니는 농업박물관/ 앞뜰에는 원두막에 물레방아까지 돌아간다/ 원두막 아래 채 다섯 평도 안 되는 밭에/ 무언가 심어져 있어서 파랬다/ 우리 밀, 원산지:소아시아 이란 파키스탄이라고 쓴/ 푯말이 세워져 있었다/ 농업박물관 앞뜰/ 나는 쪼그리고 앉아 우리 밀 어린 싹을/ 하염없이 바라보았다/ 농업박물관에 전시된 우리 밀/우리 밀, 내가 지나온 시절/ 똥짐 지던 그 시절이/ 미래가 되고 말았다/ 우리 밀, 아 오래된 미래// 나는 울었다

— 〈농업박물관 소식 – 우리 밀 어린싹〉 부분
(《마음의 오지》)

〈농업박물관 소식〉은 새로운 불화의 연속성을 잘 보여주는 작품이다. 시적 배경은 변함없이 세속도시의 한복판이다. 시인의 직장 근처에 "도시박물관"이 생겼다. 전시품은 다름 아닌 "농업"이다. "불과 30년 사이에 농업은 박물관으로 들어가"고 대신에 우리 사회에는 산업자본주의 문명이 들어선 것이다.

이를 두고 시인은 "우리 아버지가 박물관에 들어간 꼴"이라고 말한다. 30년=한 세대라는 시간적 우연성이 작용했겠지만, 그보다도 농업=아버지라는 인식이 도드라져 보인다. "우리 아버지는 목화였습니다"라거나 "이 아들을 거쳐 손자에게 가지 못하고 곧바로 박물관으로 가신 것"이라는 진술은 이 시가 농업=아버지라는 등식에 기초하고 있음을 지시한다.

〈농업박물관 소식〉이 농업=아버지라는 인식 차원에서 연원한다는 사실은 두 번째 시에 오면 더욱 분명해진다. "우리 밀, 내가 지나온 시절/ 똥짐 지던 그 시절이/ 미래가 되고 말았다/ 우리 밀, 아 오래된 미래"의 부분이 바로 그것이다. 이 대목에는 박제와 전시의 대상으로 전락한 농업(밀) 또는 농본적 가치가 사실은 우리의 "미래"였음이 투명하게 제시된다. 그런데 농업, 농업의 은유가 우리의 "미래"라는 주장은 이문재의 시가 또다시 불화를 조장하고 기획하고 있음을 암시한다. 농업=아버지라는 성립식과 "내가 지나온 시절"(농업)= "아 오래된 미래"의 생태적 등식이란, 무릇 〈도시=문명의 질서 체계=환경오염과 공해=미래에 대한 불안〉이라는 은폐된 등식을 전제하는 까닭이다. 이 은폐된 등식은 일전에 세속도시가 "사람들에게 들키고 싶어 하지/ 않는" 비밀과도 같은 것이다. 〈("깜빡거리는" 도시≠유토피아)=(속도≠산책)=(문명과 진보≠농업, 농본주의)=(자연≠인간)〉의 관계식은 도시적 삶의 현실태이다. 따라서 이 모든 현실 부호의 행렬은 궁극에 "미래와의 불화"라는 위기에 도달한다. 결국 합리를 가장한 비합리적 이성이, 문명의 이름을 건 야만이 우리의 "미래"를 위협하고 있다. 저 "분주한" 도시를 불신하고 의심하는 시인의 농본주의적 사유가 "미래와의 불화"를 유발한다. 이문재 자신이 "〈농업박물관 소식〉은 결핍의 미학, 견딤의 미학에 근거하고자 한다."(〈시인이 쓰는 시 이야기〉)라고 밝힌 원인도 이 근방에서 찾아진다. 그의 세 번째 시집은 문명 너머에 있는 "마음의 오지"를 찾아 스스로를 유폐시킨 자의 결핍과 견딤의 노래였던 것이다. 세속도시의 "산책로 밖"을 헤매는 "고독한 산책자의 몽상"과도 같은 시의 술회였던 셈이다. 그러므로 "아무리 생각해도 나는 이 도시와 어울리지 않는다"(〈그날이 어느 날〉)라는 시인의 독백은 진심이다. 그래서 《마음의 오지》 속, "나는 울었다".

3. 불화와 불화하다

"미래와의 불화"를 목격한 시인이 "울었다"고 했거니와, 이는 이제까지 발표된 이문재 시편들의 쓸쓸하고 안타까운 내면을 압축적으로 전달한다. 이때의 울음에는 도저히 감당할 수도, 그렇다고 물러설 수도 없는 자의 막막함과 비애감이 스며들어 있다. 이러한 시인의 막막함과 안타까움의 정서는 네 번째 시집 《제국호텔》에도 끊임없이 부유한다. "장벽이 무너지자/ 모든 것이 장벽이었다"(〈제국호텔―더이상 빌어올 미래가 없다〉)라는 시의 한 구절은 "제국"의 시대를 살아가는 이문재의 암담한 심리상태를 부족함 없이 보여준다.

프런트에서 왼쪽으로 이십 미터를 가면 스타벅스/ 오른쪽으로 다시 백오십 미터를 더 가면 맥도날드다/ 아침을 먹고 다시 돌아와 이메일을 연다/ 돈에서 건강, 여행에서 포르노까지 스팸, 스팸, 스팸/ 언제나 접속되어 있는 e-인간들// 지역적으로 생각하고 지구적으로 행동한다
　　　—〈제국호텔 – 서부전선 이상없다〉부분(《제국호텔》)

〈제국호텔〉 연작시편의 "제국"이 19세기 방식의 군사력을 앞세운 민족국가는 아닐 것이다. 그렇다고 신식민주의 단계에서 개발도상국을 착취·지배해온 서구 선진국으로만 한정하기도 어렵다. 그것들보다 이문재가 탐색하는 제국의 속성은 훨씬 더 복합적이고 중층적이다. "이곳의 사회적 인프라는 순진함과 비열함"(〈제국호텔 – 인도에서 소녀가 오다〉)이라는 측면에서 보면, 한층 지능적이고 교활하기까지 하다.

"서부전선 이상 없다"라는 부제가 달린 인용시는 식민화된 "지역"의 일상적 풍경을 드러낸다. 얼핏 보면 이 시는 "서부"의 방위 탓에 중앙(동쪽)에 위치한 제국과의 이원적 종속구조가 두드러져 보인다(제국과 식민은 영원한 짝패다). "스타벅스"와 "맥도날드"는 제국의 막강한 자본력과 기획력을 상징하는 대표 브랜드다. 하지만 작품에서 제국이 관리하는 대상은 이것만이 아니다. "e-인간들"이라는 표현에서 알 수 있듯이 제국은 주체의 능력, 욕구 나아가 정체성마저도 문명의 소외기제 틀 안에서 감시·통제한다. 이(e-)문명의 제국은 정치·경제·문화·환경의 속박은 말할 것도 없고 인간화의 덕목마저도 빼앗아 가는 것이다. 따라서 "e-인간들"이란 '디지털 제국'에 무자각적으로 순종하는 21세기적 신민들이다. 동시에 그것은 비만한 문명이 우리 인간에게 부여한 굴욕적인 신종 학명(學名)

이다.

인간의 고유한 삶이 문명제국의 교활한 "디지털 정책"에 휘둘리는 장면은 이어지는 작품들에도 나타난다.

   이곳 원주민들은 @에 모여 산다/ @ 뒤에서 가을이 민첩하다 분주하다/ 전국의 활엽수들이 사 일 만에 낙엽을 생산했다/ 비밀번호 정책은 대성공이었다/ 원주민들은 너도나도 대성공이었다/ 저들은 자신의 비밀번호에 갇힐 것이다/ 디지털 정책은 완벽 완전하다/ @에 불이 들어와 있다/ 오늘 달빛은 아무래도 악성 바이러스 같다/ 저런 달무리가 며칠 더 계속되었다간/ 원주민들이 잃어버린 감수성을 회복할 것 같다/ 경계하고 경계하고 또 경계할 일
              — 〈제국호텔 – 비밀번호〉 부분(《제국호텔》)

   화면의 밖은 풍경의 바깥/ 전원이 곧 삶이다/ 제국발전소에 연결되어 있지 않은/ 시민은 시민이, 아니 생명체가 아니다/ 아직도 전원으로부터/ 망명을 시도하는 자들이 있다니/ 식염수로 제복 상의를 세탁했다// 광장은 정지화면이다/ 본국은 오전 아홉시/ 모두 제자리에 있다/ 오래된 책 표지들이 멈춰 서 있다/ 까마귀 수천 마리가 공중에 박혀 있다/ 분수대에서 누런 피가 솟구치다가 굳어 있다/ 그 누구도 그 누구를 부르지 않는다/ 겨울은 국경을 넘지 않고 있다// 토인들의 상형문자를/ 오늘 아침에야 해독해냈다/ – 더이상 빌어올 미래가 없다
          — 〈제국호텔 – 더이상 빌어올 미래가 없다〉 부분(제국호텔)

"이곳 원주민들"은 아예 "@에 모여 산다". @로 생산하고 @로 소비하며 @로 생활한다. @의 원주민들에게 "@에 불이 들어와 있"지 않은 "화면의 밖은 풍경의 바깥"이다. @의 원주민에게는 "전원이 곧 삶이다". 그렇기에 "제국발전소에 연결되지 않은/ 시민은 시민이, 아니 생명체가 아니다". "전원"은 그들이 "생명체"라는 뚜렷한 알리바이이자 현존재의 자기 증명서이다. 이런 측면에서 인용 시편은 앞선 〈제국호텔 – 서부전선 이상없다〉의 동일한 문제의식, 다른 버전이다. 이들 시는 비대한 문명의 신민이 되어가는 과정을 그린다는 점에서 상호 호환된다. 고로, 이곳 "서부전선"도 한 치 "이상없다".

이(e-) "이상없다"의 이상함, 이런 부류의 의뭉스러움이 이문재 시 세계의 또 다른 불화를 불러온다. '산책'과 '농업'의 인문적 사유를 무한 신뢰하는 시인이 인간의 무의식마저도 식민화된 이(e-) "이상없다"의 이상한 "제국호텔"을 그냥 지나칠 리 만무한 것이다. "미래와의 불화"를 근심하는 그가 "더 이상 빌어올 미래가 없다"라는 궁핍한 시대상을 마냥 외면할 수 없는 것이다. 그래서 시인은 다시, 걷는다. 〈느림보〉의 걸음으로 천천히 걸으며 생각한다(이문재에게 '걷다'와 '사유하다'는 동격이다). "제국호텔" 위로 떠오른 "달빛"의 원본 상상적 지대를 향하여 걷고, "원주민들이 잃어버린 감수성을" 생각한다. "국가는 걷지 않는다/ 기업은 걷지 않는다/ 경전은 걷지 않는다/ 문명은 걷지 않는다/ 인류는 걷지 않는다"(〈나는 걷는다〉)라는 21세기적 "제국"의 현실을 자각하며 "어머니 지구가 굳이 우리 인간만을/ 편애해야 할 까닭은 전혀 없습니다"(〈지구의 가을〉)와 같은 생태론적 사유에 걸어서 도착한다. 문명의 고질적 비만과 주체 중심의 배타적 이기주의를 우려하는 이문재의 《제국호텔》에 원초적 자연관과 삶의 고유한 풍경이 자주 오버랩되는 이유도 여기에 있다. 말을 놀리자면, 이문재는 "걷지 않는" 세계 내의 불화와 불화하면서 시인의 길을 걷고 있는 것이다. 그 고단한 시인의 길을 널리 입소문 난 아포리즘과 농담적 글쓰기가 함께 따라 걷고 있음은 물론이다.

4. "걷는 자"의 오래된 기도(祈禱), 기도(冀圖), 기도 (企圖)

사소한 지적이겠으나, 이문재의 다섯 번째 시집 《지금 여기가 맨 앞》은 이전의 시집들과 비교했을 때 미세한 형식 변화가 감지된다. 무엇보다도 이 시집은 이전에는 거의 찾아볼 수 없었던 문장부호 '마침표(.)'가 작품 전반에 산포되어 있다. 그래서일까, 시집의 주요 시편들은 대개가 완결형의 문장을 지향하는 것처럼 보인다. 화자가 청자(독자)에게 단정적으로 말하는 방식을 선호한 탓에, 쓰기 주체의 단호하면서도 선언적인 의지가 느껴진다. 그러므로 이 문장부호의 출현은 사소한 듯, 결코 사소하지 않다. 시인이 의도했든 그렇지 않든, '마침표'는 주체가 대상(세계)에 대해 정의(定義)와 지정(指定)이라는 쓰기 전략을 시도하고 있음을 풍시한다. 이 사실은 매우 중요한데, 정의와 지정의 쓰기 전략은 주체가 대상의 본질을 정확히 파악할 때만 가능하기 때문이다. 세계에 관한 주체의 종합적이고 심층적인 이해를 전제할 때만 비로소 구사할 수 있다. 따라서 이문재의 《지금 여기가 맨 앞》이 정의와 지정의 쓰기 방식을 전용했다는 것은 시사하는 바가 크다. 이는 현 단계 시인의 사유가 하나의 원환을 마련했음을 의미한다.

> 가만히 눈을 감기만 해도/ 기도하는 것이다.// 왼손으로 오른손을 감싸기만 해도/ 맞잡은 두 손을 가슴 앞에 모으기만 해도/ 말없이 누군가의 이름을 불러주기만 해도/ 노을이 질 때 걸음을 멈추기만 해도/ 꽃 진 자리에서 지난 봄날을 떠올리기만 해도/ 기도하는 것이다.// 음식을 오래 씹기만 해도/ 촛불 한 자루 밝혀놓기만 해도/ 솔숲 지나는 바람 소리에 귀 기울이기만 해도/ 갓난아기와 눈을 맞추기만 해도/ 자동차를 타지 않고 걷기만 해도// 섬과 섬 사이를 두 눈으로 이어주기만 해도/ 그믐달의 어두운 부분을 바라보기만 해도/ 우리는 기도하는 것이다./ 바다에 다 와가는 저문 강의 발원지를 상상하기만 해도/ 별똥별의 앞쪽을 조금 더 주시하기만 해도/ 나는 결코 혼자가 아니라는 사실을 받아들이기만 해도/ 나의 죽음은 언제나 나의 삶과 동행하고 있다는/ 평범한 진리를 인정하기만 해도// 기도하는 것이다./ 고개 들어 하늘을 우러르며/ 숨을 천천히 들이마시기만 해도.
> ─〈오래된 기도〉 전문(《지금 여기가 맨 앞》)

〈오래된 기도〉는 "기도"에 관한 이문재의 시적 정의이자 지정이다. 농담이지만, 이 시의 제목 "오래된 기도"가 '오래전의 기도' 또는 '오랜 시간 동안 기도(企圖)해온 기도(祈禱)'의 의미는 아닐 것이다. 농담 같은 진담이지만, 사실 이문재의 '오래전의 기도'와 '오랜 시간 동안 기도해온 기도'는 진즉에 실패했다. "기도하는 법을 몰라" "결국 나는 기도를 올리지 못하고 말았습니다"(〈기도하는 법〉《제국호텔》)의 구절과 "제가 하늘로 쏘아올린 첫 화살기도는 이랬습니다/ 하느님, 저로 하여금 이 많은 화살을 버리게 해주세요"(〈화살기도〉《제국호텔》)의 부분은 이전에 시인의 기도가 경험한 실패의 흔적들이다. 그렇다면 〈오래된 기도〉의 이문재는 어떻게 기도에 관한 정의나 지정이 가능했을까. 이 기도의 역전 현상을 우리는 어떻게 설명할 수 있을 것인가. 한 가지 실마리는 의외로 "기도하는 법을 놓고 고민을 해댔"던 그 실패의 흔적들에서 견인된다. 기도하는 "법(방편)을 몰라 이르지 못하는 법(진리)이라면 그 법은 진짜 법이 아닐지도 모른다는 의심"(같은 시)과 회의정신에서 기도(冀圖)된다.

이문재의 〈오래된 기도〉는 "걷는 자"의 기도이다. 그 기도는 "국가는 걷지 않는다/ 기업은 걷지 않는다/ 경전은 걷지 않는다/ 문명은 걷지 않는다/ 인류는 걷지 않는다"라는 현실세계의 "법"과 "방편"과 "진리"를 부정한다. 그러기에 이문재의 기도는 예수와 부처와 알라 같은 특정 신과 절대자를 적어도 당분간은 필요로 하지 않는다. 통제된 사고와 규격화된 삶의 질서로 구조된 세계에서의 기도란, 한낱 〈교활한 신화적인 것〉(롤랑 바르트《신화론(Mythologies)》)의 또 다른 모습에 불과하기 때문이다. 〈오래된 기도〉에 초월적 차원의 신이 부재하는 이유도 그래서이다. 니체가 그랬듯이, "경전은 걷지 않는" 한 이문재에게 모든 신은 죽었다.

〈교활한 신화적인 것〉과의 불화가 시작될 때, 마침내 이문재의 기도(祈禱)가 시작된다. 그런데 시인이 규정하는 기도의 본질은 너무나 소박하고 평범하다. 너무도 소박하고 무던한 탓에 그것은 차라리 슬프고 비참하기까지 하다. "말없이 누군가의 이름을 불러주기만 해도/ 노을이 질 때 걸음을 멈추기만 해도/ 꽃 진 자리에서 지난 봄날을 떠올리기만 해도/ 기도"라는 시적 정의는 우리를 얼마나 아프게 하는가. "바다에 다 와가는 저문 강의 발원지를 상상하기만 해도/ 별똥별의 앞쪽을 조금 더 주시하기만 해도/ 나는 결코 혼자가 아니라는 사실을 받아들이기만 해도/ 나의 죽음은 언제나 나의 삶과 동행하고 있다는/ 평범한 진리를 인정하기만 해도// 기도"라는 시인의 전언은 또 얼마나 우리의 삶을 슬프고 처참하게 하는가. 이 문재의 기도가 우리를 이토록 참담하게 만드는 원인은 분명 멀리 있지 않다. 아마도 그것은 갈 수 없는, 그러나 반드시 가야만 하는 '지금 – 여기'의 모순적 상황에서 기인할 것이다. 시인이 지정한 "오래된 기도"란 실은 인간 삶의 본래적 모습이자, 자연에서 배우고 자연과 함께 호흡하는 "인간적인 너무나도 인간적인" 근본 내용을 간직하고 있는 까닭이다. 그러기에 "인간적인 너무나도 인간적인" 시 〈오래된 기도〉는 사유의 자폐증을 앓고 있는 '지금 여기'의 사람들에게는 치유의 주문(呪文)이다. 미래를 기도(企圖)하는 시원의 기도(祈禱)이다. 마치 예전 시인의 "산책"과 "농업"이라는 은유가 그러했듯이.

나무는 끝이 시작이다./ 언제나 끝에서 시작한다./ 실뿌리에서 잔가지 우듬지/ 새순에서 꽃 열매에 이르기까지/ 나무는 전부 끝이 시작이다.// 지금 여기가 맨 끝이다./ 나무 땅물 바람 햇빛도/ 저마나 모두 맨 끝이어서 맨 앞이다./ 기억 그리움 고독 절망 눈물 분노도/ 꿈 희망 공감 연민 연대도 사랑도/ 역사 시대 문명 진화 지구 우주도/ 지금 여기가 맨 앞이다.// 지금 여기 내가 정면이다.
— 〈지금 여기가 맨 앞〉 전문(《지금 여기가 맨 앞》)

단정적으로 말하기 방식은 인용 시에서도 적극적으로 사용된다. 이 시에서 "나무는 끝이 시작이다."라는 문장은 모순이다. 일반문법의 차원에서 보면 논리적 일관성을 결여하고 있다. 그러나 관계의 논리에서 보면 이 문장은 더 이상 모순이 아니다. 상호연속성의 관계에 서면 "저마다 모두 맨 끝이어서 맨 앞이다."의 문장은 그 자체로 논리적 '참'이 된다. 여기까지만 읽으면 이 시는 세상의 모든 것들은 서로 연결되어 있다는 평소 시인의 생각을 재연한 것처럼 보인다. 하지만 조금 더 자세히 들여다보면, 이 시는 통속적인 시간 질서를 해체하고 근원적 시간 의식과 결탁하고 있음을 알 수 있다. 특히 2연에서 3연으로 이어지는 "지금 여기가 맨 앞이다.// 지금 여기 내가 정면이다."의 선언에는, "지금 여기" 시공간의 인식론적 전환을 통한 시인의 존재 의지가 표출된다.

전통 형이상학의 논리에 기초한 우리는 흔히 과거, 현재, 미래의 통속적인 시간의 질서에 따라 살아간다. 하지만 연속성의 측면에서 볼 때 시간은 "지금 여기"를 기준으로 과거는 '더 이상 아닌 지금'이며 미래는 '아직은 아닌 지금'이다. 마찬가지로 과거는 '이미 지나간 여기'이며 미래는 '아직 오지 않은 여기'이다. 이러한 시간 의식에서는 언제나 "지금 여기"의 문제는 존재론적 사유와 연관된다. 단적인 예로, 우리가 '당시'라고 말할 때 그 '과거(지향)'은 언제나 이미 어떤 것과 관계를 맺고 있다. 또한 '즉시'를 이야기할 때도 그 '미래(지향)'은 이미 어떤 것을 기대한다. 즉 상호의존적인 시간성에서 과거와 현재는 어떤 방식으로든 '지금 여기의 자신에로 되돌아옴'이라는 근원적 형식(하이데거는 이를 기재(旣在)와 도래의 개념으로 설명한다.)을 지니는 것이다. 그러기에 관계(사이)의 연속성이란 항상 "지금 여기"에 있는 실존의 문제이다. 모든 자신에게 '되돌아오는' 존재론적 사유이다. "지금 여기"의 의미가 반복적으로 강조된 이문재의 이 시가 존재 의지와 맞닿아 있다는 것은 이러한 뜻에서이다. 그리고 이는 곧 그의 다섯 번째 시집 《지금 여기가 맨 앞》이 존재철학에 기대고 있음을 의미한다.

5. 전환설계 또는 전환의 상상력

이문재 시 세계의 형식 요소가 변했다거나 일시적인 변화를 꾀하고 있다는 것은 두 가지 각도에서 접근이 가능하다. 먼저 앞에서 언급했듯이 세계의 본질에 대한 시인의 종합적이고 심층적인 분석이 일정 수준에서 이루어지고 있다는 점을 들 수 있다. 이는 생태적/존재론적 세계관을 위시한 시인의 사유가 어느덧 안정된 중심을 찾았음을 의미한다. 다음으로 동시대의 급박한 위기 상황과 결부시켜 이해해 볼 수 있다. 이 경우는 이문재 시 세계의 연속성을 '불화의 시작(詩作)'으로 파악한 것과 관계된다. 짐작했겠지만, 이문재의 시 세계에서 불화의 진화(進化)란 곧 불화의 진화(鎭火)이다. 따라서 세계의 위기의식이 고조된 만큼 서정적 주체의 시적 대응도 보다 단호하고 적극적으로 변할 수밖에 없다. 다섯 번째 시집 《지금 여기가 맨 앞》에서부터 가능한 수식어를 생략한 "백서" 형식의 몇몇 작품들과 직설화법을 구사한 시편들이 대거 출현하는 요인도 어쩌면 그래서일지도 모른다. 더하여 "시란 무엇인가라고 묻는 대신 시란 무엇이어야 하는가라고 물었다. 시가 무엇을 할 수 있는가라고 묻지 않고 시가 무엇을 더 할 수 있는가라고 묻곤 했다."(이 대목에서 나는 궁핍한 시대에 시인의 사명을 강조하며 시원적 사유, 존재론적 사유의 필요성을 역설했던 하이데거와 횔덜린을 떠올렸다.)와 같은 〈시인의 말〉은 이러한 우리의 추론에 힘을 보태준다. 지금, 여기의 이문재는 시와 시인의 대사회적 책무를 자각하며, 세계상의 불화를 언어(사유)로 진화(鎭火)하는 언어의 중재자 역할을 자처하고 있는 것이다.

　　작아진다/ 우리는 작아진다/ 날마다 작아진다// 저녁이 사라져서/ 새벽과 아침 또한 사라져서/ 마침내 저녁에서 아침까지/ 밤이 온통 사라져서// 우리는 작아진다/ 삶이 일보다 크지 않아서/ 우리의 관계가 우리보다 크지 않아서/ 결국 내가 나보다 크지 않아서/ 우리는 이렇게 작아진다// 기대가 후회보다 크지 않아서/ 용기가 지혜보다 크지 않아서/ 사랑이 용서보다 크지 않아서/ 오늘이 어제보다 크지 않아서/ 늙음이 젊음보다 크지 않아서/ 죽음이 탄생보다 크지 않아서// 우리는 시시각각 작아진다/ 삶이 개인보다 크지 않아서/ 소비자가 시장보다 크지 않아서/ 사회가 국가보다 크지 않아서/ 국가가 개인보다 크지 않아서// 우리는 쉬지 않고 작아진다/ 감성이 이성보다 크지 않아서/ 상상이 논리보다 크지 않아서/ 부분의 합이 전체보다 크지 않아서/ 세계감이 세계관보다 크지 않아서/ 미래가 현재보다 크지 않아서// 모래와 모래 사이가 모래보다 크지 않아서/ 섬과 섬 사이가 섬보다 크지 않아서/ 사람과 사람 사이가 사람보다 크지 않아서/ 일과 일 사이가 일보다 크지 않아서/ 가장이 가족보다 크지 않아서/ 결국 생활이 생존보다 크지 않아서
　　　　　　　—〈거대한 근황〉 전문(《혼자의 넓이》)

그러기에 다시, 이문재의 여섯 번째 시집 《혼자의 넓이》는 절망을 안고 간다. 위기의식으로부터 출발한다. 그러고 보니 이문재는 걱정이 많은 시인이다. 농업 걱정, 공해 걱정, 교육 걱정, 도시와 사람, 하물며 지구 걱정에 이르기까지. 그래서 그의 여섯 번째 시집도 온통 걱정거리로 채워져 있다. 가령, 현실 세계의 '거대한 불화'를 "거대한 근황"으로 요약한 인용시의 진단과 "지구가 무서운 속도로 자전하는 까닭을 알겠다/ 하루도 거르지 않고 일광욕하는 이유를 알겠다/ 피부병이 도져서 그러는 것이다/ 제 살갗에 둘러붙은 것들을 떼어버리려는 것이다/ 태양광의 힘으로 속독하려는 것이다"처럼 다소 엉뚱한 상상력은 그가 어느 정도의 '걱정주의자'인가를 가감 없이 보여준다. 또 "땅이 죽었다고 생각해보자, 우리/ 땅이 사라졌다고 생각해보자, 우리"(〈지구의 말〉)와 같은 '생각'의 제안에는 여지없이 시인의 걱정이 스며들고 있다.

이문재 시인이 걱정주의자라는 것, 그의 시가 걱정거리로 가득하다는 사실은 다행스럽다. 아니, 어쩌면 당연한 일이다. 단언컨대 시인이란 '혼자'의 사유 공간에서 인간과 자연, 생명체와 공동체의 고유성과 관계성을 진지하게 묻고 따지고 고민하는 존재들이기 때문이다. 따라서 이문재가 근자에 새로운 걱정거리 목록을 지참하고 나타났다는 것은 다시, 두 개의 관점에서 해석이 가능하다. 세상의 형편이 더욱 어려워졌거나 혹은, 시인 "혼자의 넓이"가 보다 더 확장되었거나.

과연 이 시집의 곳곳에서는 우울하고 암담한 세계의 이야기가 간단없이 흘러나온다. 우애와 환대의 미덕이 부재하는 허울뿐인 공동체, 산업공해와 기후 변화로 병들어가는 지구, 문명과 진보의 왜곡된 논리가 횡행하는 현실자본주의 일상, 그럼에도 어쩔 수 없이 그곳의 시간을 살아가는 우리 인간의 안쓰럽고 참담한 얼굴과 표정들.

이문재 시인의 걱정이 진지하면서도 때로는 경쾌한 시적 제안으로 탈바꿈하는 순간도 바로 이 지점이다. 무지막지한 성장과 소비의 질주에 대한 경계를 강조한 "지구 자원은 무한하지 않다"의 대목, "이야기를 바꿔야 미래가 달라진다"(〈전환학교〉). 그러니 "이야기를 흔들어보자"의 부분, "질문을 바꿔야/ 다른 답을 구할 수 있다"(〈어제 죽었다면〉)의 선언은 이 부근에서 들려오는 이문재 시와 산문의 다급한 제안이자 육성이다. 여기에 '오래된 미래'에의 고집스러운 잠행과 '처음을 위한 회상'의 집요한 시간들은 그야말로 오랫동안 대안을 찾아 "혼자의 넓이"를 가다듬어온 시인 사유의 숙성된 흔적이다. 이로 인해 불필요한 수사를 거부하는 이문재의 시적 사유가 경유하거나 최종적으로 도달한 문학의 공간에는 다음과 같이 단호한 시적 메시지가 실시간으로 배달된다. "모든 아버지가 아들딸의 미래를 끊임없이 훔쳐온 것이다/ 청년의 미래를 보란 듯이 줄기차게 착복해온 것이다."(〈삼대〉) 그러므로 이제라도 "미래에게 미래를" 되돌려 주자, 라는.

　이렇듯 이문재의 시집《혼자의 넓이》에는 평범한 생활세계의, 그러나 결코 평범하지 않은 저 '거대한 불화'에서부터 생태환경을 위시한 전 지구적 현안들이 속속들이 집결하고 있다. 여기서 그의 시는 현대세계의 절망적 상황을 특유의 언어 감각과 독자적인 미학적 장치들을 마련하여 예리하게 적시한다. 적재적소에 배치된 은유와 상징의 넉넉한 품과 형용모순을 앞세운 유쾌한 상상력이 이 과정에 적극적으로 가담하고 있음은 물론이다.

　아울러 절망을 껴안은 그의 시가 종국에 희망의 노래로 변주될 수 있는 가능성도 여기서 연원한다. 무엇보다도 이문재의 시는 미래를 위한, 미래에 의한, 미래의 '전환설계'를 꿈꾸기 때문이다. 혹, 어쩌면 이문재 그 자신은 미래에의 선주(先走)를 통해 전환설계자의 역할을 이미 담당하고 있을지도 모를 일이다. "학교 종이 땡땡땡/ 어서 모이자/ 선생님이 우리를 기다리신다"의 낡고 익숙한 사유가 아닌, "학교 종이 땡땡땡/ 어서 가보세/ 아이들이 우리를 기다린다네"의 그 새롭고 낯선 '전환설계' 말이다.

　이 글을 마무리하며, 한 개의 사족을 허용하기로 하자. 이문재의 첫 시집《내 젖은 구두 벗어 해에게 보여줄 때》에서부터 지난번《혼자의 넓이》까지를 다 읽고 나니, 문득 오래전 독일

철학자의 우리 시대를 향한 경고의 메시지가 환청처럼 들려온다. 다름 아닌, "문제가 많은 우리 시대의 가장 큰 문제는 우리가 여전히 생각하지 않는다는 것", 바로 그것!

이성천_postspring@khu.ac.kr
문학평론가. 서울 출생. 경희대학교 국어국문과 및 동 대학원 졸업. 〈중앙일보〉 평론 당선. 평론집으로 《시, 말의 부도》《위반의 상상력과 글쓰기》《현대시의 존재론적 해명》 등이 있음. 젊은 평론가상 등 수상. 현재 경희대학교 교수, 계간 《시와시학》 주간.

제20회 유심작품상 시조부문 수상자

이우걸

수상작 · 국어사전
심사평 · 우리 시대에 대한 통찰 보여준 작품
수상소감 · 등단 50년에 받는 따뜻한 선물
근작 · 이명 등 5편
자선대표작 · 팽이 등 7편
등단작 · 도리원 주변
자술연보 및 연구서지
수상자론 · 다른 꽃 다른 향기, 서정과 현실의
리듬 의식 / 홍성란

이우걸 / 1946년 경남 창녕 출생. 경북대 역사교육학과 졸업. 1973년 《현대시학》으로 등단. 경남문인협회장, 경남문학관장 등 역임. 시집 《지금은 누군가 와서》《빈 배에 앉아》《저녁 이미지》《사전을 뒤적이며》《맹인》《주민등록증》《아직도 거기 있다》《모자》, 비평집 《현대시조의 쟁점》, 산문집 《질문의 품위》 등. 중앙시조대상, 가람시조문학상, 이호우시조문학상, 김상옥시조문학상 등 수상. 현재 우포시조문학관 명예관장, 《서정과현실》 발행인. leewg1215@hanmail.net

시조부문 수상작

국어사전

모국어는 겨레를
지키는 병사다
모국어는 겨레가
마시는 물이다
사전은 그 물을 담은
아름다운 호수다

걸음마를 배울 때부터 사랑을 가르치며
모유처럼 나를 키워낸 내 정신의 어머니여
오늘은 왠지 얼굴에
그림자가 어려 있네

조국을 사랑하지만 조국을 떠나야 하는
사연 많은 사람들과 헤어지기 위하여
공항에 있다 왔을까
슬픈 국어사전이여

— 《좋은시조》 2022년 봄호

심사평

우리 시대에 대한 통찰 보여준 작품

　등단 50주년을 맞이한 이우걸 시인은 1970년대를 대표하는 시인으로서, 일찍이 날카로운 통찰력과 역동적인 이미지로 시조문학의 발전에 크게 기여하며 오늘에 이르렀다.
　"나는 내 작품이 이웃과 작별하지 않고 언어 미학과 작별하지 않기를 빈다. 그러나 그것은 나의 욕심일 뿐 내 작품은 언제나 나의 욕심을 배반하려는 데서 출발한다. 그것이 나의 슬픔이고 희망이다."라고 1983년 문학과지성사에서 펴낸 사화집 《네 사람의 얼굴》에서 밝힌 바 있다. 그랬다. 자신의 작품이 이웃과는 물론 또한 언어 미학과도 작별하지 않기를 바랐던 초기 무렵의 그 간절한 소망을 오랜 시간이 흐른 뒤인 지금, 이번 유심작품상 수상작 〈국어사전〉을 비롯하여 최근작 여러 편에서 다시 살펴 읽을 수가 있었다.
　우리는 한때 일제강점기에 국어를 타의에 의해 가둬두고 산 아픈 역사를 가지고 있다. 철저하게 교육 현장에서 배제되었던 그 암흑기, 그런 냉혹한 뼈아픈 역사를 거쳤기에 더더욱 소중함을 느끼게 되는 것인지도 모른다. 그래서 "모국어는 겨레를/ 지키는 병사다// 모국어는 겨레가/ 마시는 물이다// 사전은 그 물을 담은/ 아름다운 호수다"라고 정의하고 갈무리하기에 이른다. 그러나 '모유처럼 나를 키워낸 내 정신의 어머니'인 국어이지만 왠지 어두운 그림자가 드리워지고 있어 안타깝다고 걱정한다.

　가령 '우리말 모국어가 지금 우리 땅에서 제자리를 잘 지키고 있는가'라는 극히 의문스러운 불손한 문제 제기에 '그렇다'라고 자신 있게 말할 수 없는 것이 우리의 현실이다. 주어와 목적어뿐만 아니라 그 서술어까지도 온통 외래어로 감싸야만 직성이 풀리는 듯한 무서운 착각에 빠져 있음을 자주 목격하게 되는데, 어쩌다가 이러한 혼돈의 시대를 맞게 된 것인지 안타깝지만 이것이 엄연한 현실이다. 그래서 시인은 "슬픈 국어사전이여"라고 결구하기에 이른다.

　수상작 외에도 여러 편 가운데서, 오늘을 살아가면서 듣고 싶지 않아도 들어야만 하는 소문의 범람을 다룬 〈이명〉, 베이지가 화이트를 껴안으면 그 어떤 불화도 없이 하나가 되는 그래서 낮은 음의 발라드라고 표현한 〈카페라떼〉, "다 가고 남은 식탁이 섬처럼 외롭다"고 일상의 총망함을 노래한 〈아침 식탁〉 등의 작품들에서 시인의 시대에 대한 섬세한 통찰력을 유감없이 보여주고 있었다. 하여, 그의 시적 활력은 조금도 변함이 없이 생동감이 넘치고 있음을 다시 확인시켜 주고 있음을 목격하게 된다.

　이우걸 시인의 '유심작품상' 수상을 진심으로 축하한다.

심사위원 / 박시교(글), 유안진, 이근배, 홍기삼

수상소감

등단 50년에 받는 따뜻한 선물

　내년이면 등단 50년이 된다. 지치지 않고 지금도 행복하게 시조를 읽고 쓰고 있으니 다행이다.
　그 우둔한 걸음이 탁월한 시인이요, 독립운동가인 만해 선생의 은혜까지 입게 된 것 같다. 또 이 상을 생각하면 떠오르는 한 분이 있다. 무산 스님이다. 일일이 말하기 어려운 인연이 있다. 그러나 가까운 듯 먼 분이었다. 저승서 보내주시는 따뜻한 편지라고 생각하고 싶다. 그리고 시조가 한국 시문학의 발전에 기여하는 도도한 개성이 되도록 노력해 달라는 여러 문단 선후배님들의 기대와 격려 덕분에 여기까지 온 것 같다. 감사한 일이다.
　헤아려보면 아직도 해결해야 할 과제가 많다. 간결한 구도 속에 깊은 철학을 내장한 단색조의 언어 미학이 건축해내는 운문성 가득한 우리 시대의 노래를 쓰는 데 남은 생을 바치고자 한다.

이우걸

근작 5편

이명

들지 않으려고 마개를 할 때가 있다
많이 듣는 게 좋은 것만 아니어서
들어도 못 들은 척하고 돌아서야 할 때가 있다

먼저 듣고 싶어서
많이 듣고 싶어서
곳곳에 귀를 대고 얻어들은 소식들을
대단한 전리품인 양 나눠주던 때가 있었다

설익은 밥알 같은, 떫은 풋감 같은,
그런 과거사를 귀는 알고 있다
그리고 혼자 울면서
자신을 닫으려 한다

―《시조시학》 2022년 봄호

카페라떼

언니처럼 화이트가 베이지를 껴안으면
따스한 체온으로 간절한 손길로
십일월 오후를 적시는
낮은음의 발라드

창밖의 풍경은 무료한 구름 조각들
혹은 풀 더미에 얹혀 있는 낙엽들
그 새를 헤치고 다니는 바람의 손이 보이고

동생처럼 베이지가 화이트를 껴안으면
그 어떤 불화도 없이 순식간에 하나가 되는
십일월 오후를 적시는
낮은음의 발라드

—《좋은시조》 2022년 봄호

열쇠

어떤 미스터리 같은
열쇠 하나 버려져 있다
열쇠를 가졌다고 으스대던 주인도 없이
낙엽 진 길모퉁이에
녹이 슨 채 버려져 있다

무슨 큰 비밀을 지닌 한 권력의 책사였을까
거래를 즐기던 정상배의 혀였을까
한 올의 단서도 없이
여기 버려져 있다

—《공정한시인의사회》 2019년 10월호

귀뚜라미 바다

가사 없는 가을 노래가 객창에 쏟아진다
달 밝은 밤이라서 청승맞게 쏟아진다
누구라 할 수도 없이 떼창으로 쏟아진다

사변에 군인 나간 아들 걱정하면서
남의 나라 지키러 간 남편 걱정하면서
숨어서 울던 여인들의 신음소리를 닮았다

울음은 울어서 그 울음을 이기려는 것
그래서 얼마쯤을 울고 나면 멈추지만
새벽이 지났는데도 그칠 줄을 모르네

―《시조시학》 2021년 여름호

모자

1
모자의 내면을 다 읽는 사람은 없다
모자는 모자니까 그저 쓰고 있을 뿐이다
그러나 그저 단순히 모자인 모자는 없다

튼튼한 방패거나, 섬세한 장식이거나, 눈부신 휘장이거나 또 하나의 가면이거나……

수많은 필요에 의해
모자는 태어난다

2
오늘 아침 세수를 하다
속이 빈 머리를 보고
내 허전을 달래기 위해 백화점에 나와서
비로소 모자를 본다
모자를
읽어본다

— 시조집 《모자》(2018)

자선 대표작 7편

팽이

쳐라, 가혹한 매여 무지개가 보일 때까지

나는 꼿꼿이 서서 너를 증언하리라

무수한 고통을 건너

피어나는 접시꽃 하나.

— 시조집《저녁 이미지》(1988)

옷

1
할머니 한 분이
수의를 다리고 있다
다가올 여행을 위한
설레는 준비라며
노을이 마루 끝까지 조심조심 깔리고 있다.

2
애육원 뜰 앞엔 두 소녀가 앉아 있다
연보라 티를 똑같이 입고 있다
언니가 보라는 듯이 싱긋 손을 흔든다.

— 시조집《나를 운반해온 시간의 발자국이여》(2009)

사무실

시계가 눈을 비비며

열두 시를 친다

반쯤 남은 커피잔은 화분 곁에서 졸고 있고

과장은 혀를 차면서 서류를 읽다 만다.

문은 굳게 닫혀 있고

의자들은 말이 없다

창밖엔 클랙슨 소리 목쉰 확성기 소리

자세히 들여다보니

벽에도 금이 가 있다.

— 시조집《나를 운반해온 시간의 발자국이여》(2009)

모란

피면 지리라

지면 잊으리라

눈 감고 길어 올리는 그대 만장 그리움의 강

져서도 잊혀지지 않는

내 영혼의

자줏빛 상처.

— 시조집《사전을 뒤적이며》(1996)

비누

이 비누를 마지막 쓰고 김 씨는 오늘 죽었다
헐벗은 노동의 하늘을 보살피던
영혼의 거울과 같은
조그마한 비누 하나.

도시는 원인 모를 후두염에 걸려 있고
김 씨가 쫓기며 걷던 자산동 언덕길 위엔
쓰다 둔 그 비누만 한
달이 하나 떠 있다.

— 시조집 《저녁 이미지》(1988)

비

나는 그대 이름을 새라고 적지 않는다.
나는 그대 이름을 별이라고 적지 않는다.
깊숙이 닿는 여운을
마침표로 지워 버리며.

새는 날아서 하늘에 닿을 수 있고
무성한 별들은 어둠 속에 빛날 테지만
실로폰 소리를 내는
가을날의 기인 편지.

— 시조집 《빈 배에 앉아》(1981)

이름

자주 먼지 털고, 소중히 닦아서
가슴에 달고 있다가 저승 올 때 가져오라고
어머닌 눈 감으시며 그렇게 당부하셨다.

가끔 이름을 보면 어머니를 생각한다
먼지 묻은 이름을 보면 어머니 생각이 난다
새벽에 혼자 일어나 내 이름을 써 보곤 한다.

티끌처럼 가벼운 한 생을 상징하는
상처 많은, 때 묻은, 이름의 비애여
천지에 너는 걸려서 거울처럼 나를 비춘다.

— 시조집《맹인》(2003)

등단작

도리원 주변

면사, 아련한 주렴을 걷고 나온 앞산 이마는
어느 댁 소반에 번지는 볼 붉은 첫 정처럼
수지운 달무릴 열곤 외려 말이 없구나

수피를 울며 깨우던 무서운 봄신령도
잎새마다 퍼져 배는 연연한 목청 속에
서창의 묵란잎처럼 숨어 살고 있을까

도리 저 이랑이 선혈 되어 앓는 날은
몸 닿아 울렁이는 가슴 속 가지들도
잊고 온 목숨의 가치를 요령처럼 흔든다

—《현대시학》1973년 10월호

자술연보

- 1946년 12월 15일, 경남 창녕에서 출생.

- 1973년 《현대시학》 3회 추천완료(이영도 선생 선).

- 1974년 경북대학교 역사교육학과 졸업.

- 1977년 첫 시조집 《지금은 누군가 와서》 발간.

- 1981년 시조집 《빈 배에 앉아》 발간.

- 1983년 윤금초, 박시교, 유재영과 사화집 《네 사람의 얼굴》 발간. 여기 실린 작품으로 중앙시조대상 신인상 수상(유재영과 함께).

- 1984년 시조 평론집 《현대시조의 쟁점》 발간.

- 1988년 시조집 《저녁 이미지》 발간.

- 1989년 시조 비평집 《우수의 지평》 발간. 제11회 정운시조문학상 수상, 성파시조문학상 수상.

- 1991년 장석주 시인과 《현대시조 28인선》 발간.

- 1992년 〈경남신문〉 신춘문예 심사위원이 됨.

- 1995년 윤금초 시인과 함께 《다섯 빛깔의 언어 풍경》을 발간. 중앙시조대상 수상.

- 1996년 시조집 《사전을 뒤적이며》 발간.

- 1998년 시조 산문집 《나는 아직도 안녕이라 말할 수 없다》를 이행수와 함께 발간.

- 2000년 이호우시조문학상 수상.

- 2001년 시조 평론집 《젊은 시조문학 개성 읽기》 발간.

- 2003년 시조집 《맹인》 발간. 시·시조 전문지 《서정과 현실》 창간. 경남문인협회장 피선. 한국문학상 수상.

- 2006년 오늘의 시조시인회의 의장 피선.

- 2008년 가람시조문학상 수상.

- 2009년 시집 《나를 운반해온 시간의 발자국이여》 발간.

- 2010년 산문집《질문의 품위》발간. 경남문학관 관장 취임.

- 2011년 김상옥시조문학상 수상.

- 2012년 한국시조시인협회 이사장 피선. 윤금초, 박시교, 유재영과 사화집《네 사람의 노래》발간.

- 2013년 시조집《주민등록증》시조집《어쩌면 이것들은》시조전집《이우걸 시조전집》발간.

- 2014년 자랑스러운 세종인상 수상.

- 2015년 백수문학상 수상. 시조집《아직도 거기 있다》발간.

- 2018년 시조집《모자》발간.

- 2019년 《현대시조 산책》발간.

- 2021년 산문집《풍경의 해석》발간.

연구서지

서종택 〈이우걸의 시 세계 – 넓고 깊은 장애를 향한 새로운 감각〉
《지금은 누군가 와서》학문사, 1977.
김 현 〈상황의식과 관념의 대응〉《현대시학》1980년 6월호.
오규원 〈하나의 질문〉《네 사람의 얼굴》문학과지성사, 1983.
유재영 〈의인화 또는 역설의 기능〉《현대문학》1987년 9월호
윤재근 〈이우걸의 詩와 事物 그리고 形象과 苦解〉《저녁 이미지》
동학사, 1988.
김제현 〈70년대의 시조 양상〉《시조문학론》예전사, 1992.
김 종 〈색팽이의 의지로 기립한 언어〉《겨레시조》1992년 가을
호.
유재영 〈동지로서의 이우걸〉《현대문학》1993년 1월호.
박철희 〈현길언과 이우걸의 실천적 노력〉《문학사상》1994년 2
월호.
이근배·이우걸·반경환 〈한국 정형시를 생각한다〉《현대시》1995
년 7월호.
조남현 〈匠人精神과 生哲學의 相乘〉《사전을 뒤적이며》동학사,
1996.
박철희 〈현대시조의 가능성〉《현대문학》1996년 10월호.
장경렬 〈시조, 또는 '적요의 공간'에 언어로 놓은 '수'〉《미로에서
길찾기》문학과 지성사, 1997.
김양헌 〈어둠을 뚫고 빛나는 절제의 힘〉《현대시》1997년 2월호.
신경림 〈간결한 구도, 그 쌈박한 매력〉《열린시조》1997년 여름

호.

이지엽〈섬세한 서정성과 시대 정신〉《열린시조》1997년 여름호.

장석주〈말들의 뿌리〉《열린시조》1997년 여름호.

이재창〈긴장과 절제, 지향성의 시학〉《아름다운 고뇌》시와사람사, 1999.

장경렬〈단형시조의 깊이와 아름다움〉《열린시조》1999년 봄호.

황인원〈시조의 대중화를 위하여〉《열린시조》1999년 봄호.

이승훈〈시조와 현대적 상상력〉《그대 보내려고 강가에 나온 날은》태학사, 2000.

김홍섭〈절망의 그늘에서 꿈꾸며 말걸기〉《시조시학》2000년 하반기.

이종문〈피비린내 나지 않는 처연하고도 아름다운 사회시〉《개화》2001. 10.

이상옥〈이우걸 시조의 현대성〉《시와 생명》2001년 겨울호.

조남현〈장인 정신과 생철학의 상승〉《문학사상》2001년 12월호.

유성호〈불침번으로서의 비평〉《시조시학》2002년 상반기.

정과리〈거울 3〉〈주간조선〉2002. 1. 24.

김춘식〈삶과 비애와 독한 회의〉《맹인》고요아침, 2003.

유성호〈전통적 형식과 현대적 감각의 활발한 교섭〉《열린시조》2003년 봄호.

이지엽〈쓸쓸한 자존 혹은 세계와의 불화 – 2003년 시조〉《유심》2003년 가을/겨울호.

구모룡〈생활 세계 속의 긴장된 자유 – 이우걸의《맹인》》《현대시》2003년 12월호(구모룡《시의 옹호》천년의시작, 2006에 재수록).

유성호 〈완미한 정형 속에 담아낸 시적 비의〉《'작가'가 선정한 오늘의 시》작가, 2004.
이정환 〈2004 시조 총평 – 불멸(不滅)에의 제의(祭儀)〉《유심》 2004년 겨울호.
엄경희 〈인고적 정신이 일궈낸 화해의 무늬〉 이우걸, 《지상의 밤》 시선사, 2004(엄경희 《저녁과 아침 사이에 시가 있었다》 새움, 2005 재수록)
조남현 〈절창으로 가는 길〉《서정과 현실》 2005년 하반기.
유성호 〈풍경의 발견과 해석〉《문학사상》 2005년 9월호.
유성호 편저 《이우걸의 시조미학》 작가, 2006.
정미숙 〈탐미적 성찰의 흰 그늘〉《시조시학》 2006년 상반기.
강호인 〈현대시조, 그 지평 위로 우뚝 치솟는 큰 산〉《나래시조》 2006년 겨울호.
성선경 〈본이 되는 시, 본이 되는 시인〉《시조월드》 2008년 상반기.
염창권 〈흉터의 날들에 관한 기록〉《현대시학》 2008년 여름호.
장경렬 〈"무수한 고통을 건너" 피어난 "접시꽃" 앞에서〉《나를 운반해온 시간의 발자국이여》 천년의시작, 2009.
손영희 〈이우걸 시조연구〉 고려대학교 대학원 석사학위논문, 2009.
엄경희 〈쓸쓸하고 정갈한 존재의 시간〉《현대시학》 2009년 4월호.
이상옥 〈쾌도난마의 시법 – 이우걸 시집 《나를 운반해온 시간의 발자국이여》《유심》 2009년 5/6월호.
박민영 〈균열의 시학〉《시안》 2009년 여름호.
유성호 〈시간의 선명한 얼굴〉《시작》 2009년 여름호(유성호《정격과 역진의 정형미학》작가, 2014 재수록).
구모룡〈상처를 치유하는 생의 형식〉《시조시학》2009년 가을호.
손영희〈우리시대 작가를 찾아서〉《시선》2009년 가을호.
염창권〈근원적 고독에서 피워 올린 성찰의 꽃〉《유심》2010년 1/2월호.
엄경희〈일상성과 근대적 개체의 자의식〉《전통시학의 근대적 변용과 미적 경향》인터북스, 2011.
이건청〈사람에게 유익한 가치를 전해주는 시〉《유심》2011년 1/2월호.
정수자〈오늘의 밤 그리고 서정〉《유심》2011년 3/4월호.
엄경희〈우리 시 전통의 견인차〉《서정과 현실》2012년 3월.
윤금초 외〈현대시조 四家詩人 四色談論〉《현대시학》2012년 4월호.
박성민〈우리 시조의 정신적 모험과 성취〉《시조시학》2012년 6월호.
이경철〈자유시를 압도하는 4인4색의 시조〉《유심》2012년 5/6월호.
조동화〈이우걸 시인의 '꽃'〉《시조21》2012년 상반기.
이연승〈고통의 심연을 건너 사랑의 시학으로〉《시조시학》2012년 가을호
장성진〈이우걸 시조의 전통성과 현대성〉《밀양문예》11집, 2012.11.
정과리〈자유의 모험으로서의 현대시조〉《네 사람의 노래》문학과지성사, 2012.
정수자〈역사적 감각과 현실 인식의 미적 통섭〉《화중련》2012년

하반기.

엄경희 〈이우걸 시조에 내포된 모더니티의 일면〉《한국언어문화》제49집, 한국언어문화학회, 2012.12.

박정선 〈이순(耳順)이 다다른 곳〉《주민등록중》고요아침, 2013.

엄경희 편저 《이우걸 시조 연구》태학사, 2013.

홍성란 〈치렁치렁한 멋, 허한 맛〉《유심》2013년 3월호.

공광규 〈안정되고 유려한 시력으로 엮은 인생 발자국 – 이우걸의 《나를 운반해온 시간의 발자국이여》〉《나래시조》2013년 가을호

이숭원 〈현대적 표현 미학의 빛나는 성취〉《현대시학》2013년 11월호.

정용국 〈소중한 적(敵)을 모신 사리탑-《나를 운반해온 시간의 발자국이여》〉《나래시조》2013년 가을호.

이경철 〈사가시인(四家詩人)의 사색담론(四色談論)〉《현대시학》2014년 4월호.

염창권 〈고독한 존재자의 방〉《유심》2014년 9월호.

우은진 〈현대시조, 알레고리적 읽기〉《한국시조시학》2014년 제3호, 2014.10.

박진임 〈꼬리를 문 뱀과 텍스트의 공간 – 이우걸 시인의 시세계〉《나래시조》2014년 겨울호.

황치복 〈현대시조의 은유와 상징, 그 가능성과 한계〉《한국시조시학》2014년 제4호, 2014.12.

장경렬 〈시인이 스스로 찾은 '시조의 길'을 따라〉《아직도 거기 있다》서정시학, 2015.

신상조 〈담백한 언어, 긴 울림〉《열린시학》2015년 봄호.

오종문〈가계부로 읽는 젊은 날의 초상〉《시조로 읽는 삶의 풍경들》이미지북, 2015.

염창권〈길 위에서 만나는 존재자의 슬픔〉《시조시학》2015년 가을호.

이태정〈이우걸 '이명 2' – 저물어가는 삶의 쓸쓸한 뒷모습〉《유심》2015년 10월호.

유성호〈이우걸의 시조 세계〉《이우걸 대표작품 선집》〉도서출판 경남, 2016.

유성호〈예술적 자의식으로서의 시쓰기 – 이우걸 시조의 위의(威儀)〉《시와표현》2016년 9월호.

박서영〈우연한 마주침에서 진정한 마주침으로〉《쿨투라》2016년 겨울호.

엄경희〈근대성에 대한 이지적 통찰 – 이우걸 시인의 시조 세계〉《월간문학》2016년 12월호.

우은진〈이우걸 시조에 나타난 현실 인식과 존재론적 성찰〉《시조학論叢》제46집, 2017. 1.

유순덕〈이우걸 시조에 대한 고찰〉《시조학論叢》제46집 2017. 1.

고은희〈한국어 교육을 위한 현대시조 문학 – 이우걸의 시조를 중심으로〉《한국시조시학》제6호, 2017.

김민서〈이우걸 시어의 상징성 의미 연구 –《지금은 누군가 와서》를 중심으로〉《한국시조시학》제6호, 2017.

이경철〈이우걸 단시조의 극서정성(極敍情性) 시론(試論) – 단시조집《아직도 거기 있다》를 중심으로〉《한국시조시학》제6호, 2017.

이순희〈이우걸 시조의 알레고리적 의미 세계 연구〉《한국시조시학》제6호, 2017.

우은진〈우리의 일상성에 대한 존재론적 성찰, 이우걸 시조〉《시와표현》2017년 10월호.

김경복〈존재의 심연과 영혼의 집〉《모자》시인동네, 2018.

김진희〈세상과 소통하는 위무(慰撫)의 시학〉《이우걸 시조 세계》태학사. 2018.

박정선 편저《이우걸 시조 세계》태학사. 2018.

박정선〈계승과 혁신의 변증법〉《이우걸 시조 세계》태학사. 2018.

이건청〈현대시의 시정신, 그리고 현대시조의 정제미〉《이우걸 시조 세계》태학사. 2018.

신상조〈길 잃은 시학〉《문학선》2018년 가을호.

김남규〈존재 저편으로 대답하기 위해 질문하는 시인〉《시인동네》2018년 12월호.

백애송〈섬세한 언어의 결 – 이우걸 시집《모자》〉《시조시학》2019년 여름호.

이승하〈이우걸의 시조 세계는 어떻게 형성되었는가?〉《한국 시조문학의 미래를 위하여》국학자료원, 2020.

곽효환〈이우걸 시조에 나타난 자연(自然) 연구〉《한국시학연구》66호, 2021. 5.

이우걸론

다른 꽃 다른 향기, 서정과 현실의 리듬 의식

홍성란

현대시조의 선봉장

경남 창녕산 이우걸(1946~)은 이영도 선생의 《현대시학》 3회 추천 완료로 1973년 등단하였다. 첫 시조집 《지금은 누군가 와서》(1977) 이후 최근 시조집 《모자》(2018)에 이르기까지 10권의 시조집을 발간하였고, 1983년에는 윤금초, 박시교, 유재영과 함께 사화집 《네 사람의 얼굴》을 발간하여 1970년대 현대시조의 상징이 되었다.

이 '네 사람의 얼굴' 가운데 이우걸은 《현대시조의 쟁점》(1984), 《우수의 지평》(1989), 《젊은 시조문학 개성 읽기》(2001), 《풍경의 해석》(2021)과 같은 시조 평론집으로 창작과 비평을 겸한 70년대 문단의 수장을 역임하며 명실공히 현대시조단의 선봉장(先鋒將)이 되었다. 이 과정에서 시인이 즐겨 적는 수상 기록이 있는데 1983년 대상 없는 중앙시조대상 신인상을 유재영과 공동 수상하게 된 일이다. 이를 시작으로 정운시조문학상, 중앙시조대상, 이호우시조문학상, 가람시조문학상, 김상옥시조문학상, 백수문학상 등을 수상하였다.

그는 이미 유성호가 엮은 《이우걸의 시조미학》(2006)이라는 축적된 비평적 자산을 보유하고 있다. 여기에 엄경희가 엮은 《이우걸 시조 연구》와 《이우걸 시조전집》을 2013년 동시 출간하였으니 이 선봉장의 무실역행(務實力行)으로 후학들은 현대시조의 의미 있는 문학사적 자본을 획득하게 되었다. 《이우걸의 시조미학》과 《이우걸 시조 연구》에 저명한 평론가들의 비평적 견해가 빛을 발하고 있으므로 이 글에서 이들 연구서에서 다루지 않은 면을 언급하기로 한다.

비와 모란

1970년대. '생의 방향을 잡지 못해 방황'하던 그는 비가 내리던 어느 밤, 경북대학교 중앙도서관에서 '너무나 외로워' 《현대시조》를 읽는다. 거기서 '환하게' 피어 있는 이영도의 〈모란〉을 만난다. 인연이었다. 1973년부터 이영도는 《현대시학》에 〈이슬〉〈지환〉을 시작으로 〈편지〉〈설야〉에 이어 〈도리원 주변〉과 같은 서정적인 작품으로 이우걸 추천을 완료했다.

엄경희는 〈이우걸 시조에 내포된 모더니티의 일면〉을 고찰하며 이우걸 시조는 '선대의 작품들과 중요한 차이'가 있다고 본다. 물론 '그 차이는 근대성에 대한 이지적 통찰에서 비롯된 것'으로 이우걸 시조가 '근대의 생활 감각과 다양한 문제, 그로부터 생성되는 사유와 고뇌'를 담보하고 있다는 전제를 안고 있다. 이러한 전제는 〈나사 2〉〈실업〉〈사무실〉〈넥타이〉〈변기〉〈손〉〈흉터〉〈신발〉〈주민등록증〉〈환승역〉〈바다〉〈맹인〉과 같은 계열로 우리가 숙독해야 할 많은 작품을 수렴한다.

시인의 존재가치는 그 시인의 개성과 크게 관계지어진다. 어떤 의미에서 시는 언어의 꽃이다. 그러한 꽃들이 문단이라는 정원에서 제각기 자기 나름의 존재가치를 부여받기 위해서는 다른 꽃과 구별되는 향기를 지녀야 하기 때문이다. 그런데, 개성은 물론 젊은 날 쓰인 몇 편의 작품에 의해 이루어지는 것이 아닐 뿐 아니라 부단한 자기 탁마 없이는 노년에도 바라보기 어려운 경지이다.

이는 《우수의 지평》에서 이우걸이 밝힌 시인의 덕목이다. '다른 꽃과 구별되는 향기'와도 같은 시인의 '개성'. 개성은 다른 꽃과 구별되는 향기로서 엄경희가 보는 차이(差異)와 같은 맥락으로 볼 수 있다. 다른 시인과는 다른 차이. 여기서는 먼저 당대인의 이지적 통찰과 사유와 고뇌를 담은 계열의 작품과는 차이를 보이는 작품군에 주목한다.

나는 그대 이름을 새라고 적지 않는다
나는 그대 이름을 별이라고 적지 않는다

깊숙이 닿는 여운을
마침표로 지워 버리며.

새는 날아서 하늘에 닿을 수 있고
무성한 별들은 어둠 속에 빛날 테지만
실로폰 소리를 내는
가을날의 기인 편지.

— 〈비〉

〈비〉와 같이 서정성 짙은 초기 대표작은 또 다른 차이와 이채(異彩)로써 돋보인다. "새라고 적지 않는다"는 발화와 "별이라고 적지 않는다"는 발화. 시인의 직관은 비를 "새"로 호명하고 "별"로 호명한다. 이 직관적 호명과 화법은 당시 하나의 이채였고 차이였다. 가을비를 고개가 아프도록 올려다본 밤. 비는 "실로폰 소리를 내는" "기인 편지"로 그려진다. 이 참신한 비유와 상징이 심사위원들에게 〈비〉에 필적할 만한 중앙시조 대상감이 없다고 판단하게 하였으니, 유재영의 〈월포리 산조〉와 함께 대상 없는 신인상 수상작이 되었다.

피면 지리라

지면 잊으리라

눈 감고 길어 올리는 그대 만장 그리움의 강

져서도 잊혀지지 않는

내 영혼의

자줏빛 상처.

—⟨모란⟩

이영도의 연시(戀詩) ⟨모란⟩과 같은 제목의 이 작품은 모란의 개화와 낙화를 모티브로 한 이우걸 '사랑 노래' 계열의 대표작이다. 초장 "피면 지리라// 지면 잊으리라"가 보여주는 구 단위의 반복(" ~리라")과 이 초장의 의미에 이은 "져서도 잊혀지지 않는" 종장 앞 구의 변주 반복이 시조의 '맛과 멋'을 생각하게 한다. ⟨모란⟩은 '마흔여섯 글자'로 '4음(4모라(mora)) 4보격 3장' 시조의 유연 유장미를 여실히 보여주는 묘품(妙品)으로 연시풍 현대시조의 품격을 한층 높였다.

이우걸 시조의 리듬 의식

이 글을 쓰기 위해 읽은 《이우걸의 시조미학》과 《이우걸 시조 연구》에 나타난 시조 율격론에 대한 이해가 1930년대의 음수율이나 1970년대의 음보율에 머물고 있음을 알게 되었다. 아직도 시조를 음수율로 이해 논의하는 사례가 있다는 문제의식에서 실증적 연구를 바탕으로 논리적 정합성을 획득한 시조 율격론을 제시한다. 시조 율격론은 선대의 연구를 토대로 성기옥의 음량률(《한국시가율격의 이론》 1986)로 진화하였다.

성기옥은 음보의 등시성을 채우는 요건을 구명하지 못한 음보율의 한계를 음량률 연구로 극복할 수 있었다.

  음량률은 1음절만큼의 음장을 가지는 장음(언어학적 장음: length)과 정음(묵음상태의 음장: silence)이 4음격을 충당하여 음보 하나의 등시성, 곧 4모라의 음지속량을 채운다는 것이다. 여기서 음보는 2~5모라로 양식화된다. 이 음량률의 규칙을 바탕으로 하여 김학성은 시조의 음악적 전통으로부터 종장의 첫마디만은 3음절 정형을 고수하는 음수율이고, 이 종장 첫마디를 제외한 다른 마디는 음량률로서, 시조의 율격은 '음량률과 음수율의 혼합율격'이라 규정하였다(《현대시조의 이론과 비평》 2015).

  이우걸은 '시조시단이 지닌 일반적 약점'을 '개성의 부족, 삶에 대한 인식이나 시적 처리의 상투성, 시어의 편협성, 상상력의 부족 등'으로 지적하며 '이 모든 원인은 시조를 주형화(鑄型化)된 하나의 형식으로 파악'한 결과로 본다(《우수의 지평》). 그는 이 오도된 선입견을 혁파하는 구체적 실례를 〈모란〉으로 제시한다. 한 편의 시조는 율격을 바탕으로 한 시어 운용으로써 '율동 현상'을 보여준다. 율동 현상은 시인의 시조에 대한 리듬 의식이다. 〈모란〉의 구체적인 율동 현상을 음보말 휴지(│)와 중간휴지(‖), 장음(−)과 정음(∨)을 표시하여 이우걸 시조의 리듬 의식을 논의한다.

    피면−∨ │   지리라∨ ‖ 지면−∨ │ 잊으리라
    눈 감고−│ 길어 올리는 ‖ 그대 만장 │ 그리움의 강
    져서도 │ 잊혀지지 않는 ‖ 내 영혼의 │ 자줏빛 상처

초장 첫 마디와 셋째 마디는 2음절과 장음 하나, 정음 하나로서 4모라의 음량을 채운다. 초장 둘째 마디와 중장 첫째 마디는 3음절과 각각 정음 하나, 장음 하나로서 4모라의 음량을 채운다. 중장 둘째 마디와 넷째 마디, 종장의 넷째 마디는 모두 5음절 5모라로서 유연성을 보이며 음보의 양식화 범위로 수렴된다. 종장 첫 마디는 3음절 정형을 고수하고 둘째 마디는 6음절 6모라로서 5~8모라의 변형 율격을 잘 보여주는데, 종장의 이러한 형식 미학이 시조를 시조답게 하는 지점이다.

예컨대, 크기가 같은 열두 개의 와인글라스에 와인을 가득 채웠을 때, 실로폰 채로 두드린다면 똑같은 소리가 날 것이다. 크기가 같은 열두 개의 음보에 음절만을 가득 채웠을 때, 실로폰 채로 두드린다면 똑같은 소리, 표어(標語)와도 같은 도식성이 나타날 것이다. 똑같은 음향이 들리는 도식성을 벗어나려면 와인으로 다 채우지 않고 비어 있는 공간을 두어야 한다. 음절 없이 비어 있는 이 공간의 음량은 장음이나 정음이 대체한다. 글라스에 와인을 반쯤 채우거나 살짝 넘치게 하거나 하는 유연한 와인 배분 방식과도 같이 각 음보에 음절과 장음, 정음이 유연하게 배분된다면 리드미컬한 율동 현상이 나타난다. 환언하면 장(章) 단위에서 4음절을 규칙적으로 네 번 배분하거나 3음절을 규칙적으로 네 번 배분하는 방식은 실로폰의 같은 음을 계속 두드리는 것과 같다. '꺼진 불도 다시 보자'와 같은 표어가 '주의, 주장, 강령 따위를 간결하게 나타낸 짧은 어구'로 만든 전달의 형식이라면 시어(詩語)는 의미의 공감 형식이다. 의미를 실어 나르는 리드미컬한 율동 현상이 유연한 음향으로 감각적 공명(共鳴)을 불러오는 것이다.

시조의 율격은 규범이다. 그러므로 개별 작가의 구체적 발화에 나타나는 다양한 율격 운용 양상을 강제할 수 없다. 여기서 파격이나 일탈이 나오기도 하는 것이다. 이우걸 시조에서는 파격이나 일탈은 나타나지 않는다. 가지런한 단시조와 연시조가 주를 이룬다. 〈모란〉은 유연하고 리드미컬한 이우걸 시조의 리듬 의식을 잘 보여주는 대표작이다.

말하지 않은 말의 여운, 긍정의 시학

이우걸은 《우수의 지평》에서 '시조라는 정형의 서정시를 쓰는 이유'에 대해 피력한 적이 있다. 그 글에서 '단순미의 묘'를 시조의 강점으로 본다.

> 시조에서 복잡한 그 무엇을 나타내고 난삽한 이미지의 잔치를 벌인다 해도 단순미가 지닌 깔끔한 맛을 살리지 못한다면 시로서 성공하기는 어려울 것이다. …(중략)… 짧고 품위 있고 아름답고 감동적인 작품, 그래서 짧지만 결코 짧지 않은 시를 만들기 위해서는 작자의 겸허함, 언어의 품위 등 여러 부문의 능력이 필요할 것이다. 그런데 그 여러 부문의 원천적인 힘이 바로 진실이 아닐까 한다. 우리가 한 편의 시를 읽고 그 시가 아름답다고 느낄 때는 대체로 그 시에서 가식 없는 시인의 정신의 모습, 인간의 모습을 느낄 때이다.

'짧지만 결코 짧지 않은 시'란 무엇을 말하는가. 이는 마흔다섯 글자 내외로 절제의 미학을 보여줘야 하는 단시조가 축자적 언어 표현을 넘어서는 의미를 내장해야 한다는 말이다. 단시조의 절제와 함축의 중요성을 가리키는 말이다. 환언하면, 단시조의 미학은 알레고리와 절제에서 오는 언외언(言外言)의 함축미와 행간에서 보이고 들려 느낄 수 있는, 말하지 않은 말의 여운에 있다는 것이다.

처라, 가혹한 매여 무지개가 보일 때까지

나는 꼿꼿이 서서 너를 증언하리라

무수한 고통을 건너

피어나는 접시꽃 하나.

—〈팽이〉

이우걸을 상징하는 대표작이다. 시적 화자 '팽이'는 시인 자신이기도 하고 현실의 고난을 감내하며 일어서는 당대인의 알레고리이기도 하다. 〈팽이〉에서 어느 시대를 살거나 "너"라는 억압의 굴레를 벗어나고자 하는 초극(超克)의 목소리가 들린다. 시조 의미의 핵인 종장에서 초극과 역행(力行)이 마침내 생생하고 역동적인 "접시꽃 하나"를 피워내니 고진감래(苦盡甘來), 말하지 않은 말로써 이우걸 긍정의 시학을 대표하는 작품이 되었다.

껴도 희미하고 안 껴도 희미하다
초점이 너무 많아
초점 잡기 어려운 세상
차라리 눈 감고 보면
더 선명한
얼굴이 있다

— 〈안경〉

　화자의 문제의식은 안경을 제대로 끼었는가에 있지 않다. 초점이 너무 많아 어디에다 초점을 맞추어야 할지 모겠다는 상황인식. 그럴 땐 맞추지 않는 게 맞추는 것이겠다는 관조와 성찰. 그래서 차라리 눈을 감는다는 것. 맞추려고 애쓰지 않는다는 일. 무심(無心)의 경지일까, 관조에서 온 지혜일까. 눈 감으면 잡다한 주변이 보이지 않는다. 버릴 것을 버리니, 생각하는 대상만이 오롯하다.

길은 달리면서 바퀴를 돌리지만

바퀴는 돌면서 길을 감고 있다

모나고 흠진 이 세상

둥글게 감고 있다

— 〈바퀴는 돌면서〉

"길을 달리면서 바퀴"는 돌아가고 돌아가면서 바퀴는 "길을 감"는다는 시적 표정. 이 작품에서는 누군가 자전거를 타고 가는 풍경이 보인다. 〈바퀴는 돌면서〉는 초장과 중장은 장 단위로, 종장은 구 단위로 배행하여 4연 4행의 시적 형식을 취함으로써 행간에 여백을 두어 맑고 깨끗한 서정을 펼치고 있다. 여기서 초장과 중장의 발화보다 더 무게가 실린 지점은 종장이다. "모나고 흠진 이 세상"을 "둥글게 감"아 간다는 시적 인식. 연륜이 깊어가며 모나고 흠진 세상에 대적(對敵)하는 일 없이, 모나고 흠진 일도 사람도 둥글게 감싸 안겠다는 자비원만(慈悲圓滿)의 경계 아닌가.

  뱃고동 소리가 희미하게 들리곤 한다

  이승의 우수가 담긴 곡조 없는 휘파람같이

  노을을 따라나서는

  저 강물의 나들이
           —〈이명 2〉

이 작품도 초장과 중장은 장 단위 1연 1행으로, 종장은 구 단위 2연 2행으로 배행하여 4연 4행의 멀리 굽이쳐 돌아나가는 강물과도 같은 시적 형식을 취했다. 초장에서 "이명"을 "뱃고동 소리"에 비유하고, 중장에서 뱃고동 소리는 "이승의 우수가 담긴 곡조 없는 휘파람 같"다고 했다. 종장에서는 돌연 "노을"과 "강물" 이미지를 끌어오는데, 아래로만 흐르는 강물의 먼 흐름을, "노을을 따라나서는" "강물의 나들이"라 했다. 이명 현상을 해석한 참신하고 아름다운 은유다. 〈단시조의 미학〉(《유심》 2015년 10월호)에서 읽은 바와 같이 종장의 이 고요한 의상(意象)에는 작품 전체를 부양하는 힘이 있다. 초장과 중장이 보여주는 의상이 한등고연(寒燈孤烟), 외로운 등불에 하늘거리는 연기와도 같은 경계라면 이 종장은 평사낙안(平沙落雁), 모래사장에 사붓이 내려앉는 기러기의 형상과도 같은 경계가 있다.

휴머니즘, 진솔과 인간애

《현대시조의 쟁점》에서 그는 '시는 영원히 없어지지 않을 인간, 영혼의 노래'라 했다. '인간은 생각하는 능력'을 가졌고, 시인으로서 '세상을 바라보고 늘 생각하는 버릇'으로 시를 버리지 않을 것이라 했다. 《풍경의 해석》에서는 '진솔함과 인간애, 그리고 성찰'이 독자에게 감동을 주며 그 감동의 원천은 '휴머니즘'이라 했다. 그는 자신의 시조가 '새로우면서도 우리가 안고 사는 세상의 여러 고통을 위무하는 시'가 되기를 바란다.

　　이 비누를 마지막 쓰고 김 씨는 오늘 죽었다
　　헐벗은 노동의 하늘을 보살피던
　　영혼의 거울과 같은

조그마한 비누 하나.

도시는 원인 모를 후두염에 걸려 있고
김 씨가 쫓기며 걷던 자산동 언덕길 위엔
쓰다 둔 그 비누만 한
달이 하나 떠 있다.

— 〈비누〉

　2수의 연시조 〈비누〉의 초장, 첫 줄은 "원인 모를 후두염에 걸"린 채 "쫓기며 걷던" 달동네 노동자 "김 씨"의 부고다. "헐벗은 노동"으로 병든 몸을 연명하였으나 "하늘"이 "보살피던" 삶이었으니, 시적 화자는 "김 씨"에게 "영혼의 거울"을 부여한다. 그는 노동의 하루를 마감하기 위해 세상의 소음과 욕망의 때를 씻을 때마다 그 "영혼의 거울"을 들여다보며 잠시간 성찰의 시간을 보냈는지 모른다.
　첨예한 비극성은 드러나지 않으나 독자라면 누구나 이 작품에서 "헐벗은 노동"과 그 죽음에 연민을 느끼게 될 것이다. 더욱이 가고 없는 "김 씨"의 하늘에서 "쓰다 둔 그 비누만 한/ 달이 하나 떠 있다"는 완곡한 묘사는 절제된 언어로 노동자의 희생과 열악한 환경을 반추하게 하는 빼어난 힘으로 작용한다.
　〈비누〉와 같은 계열의 작품은 '세상을 바라보고 늘 생각하는' 시인의 자세에서 비롯한다. 세상을 바라보고 시화(詩化)하되 진솔함과 인간애, 그리고 성찰을 바탕으로 했을 때 독자는 감동한다. 이 감동의 원천은 휴머니즘이다. "헐벗은 노동"의 삶과 죽음을 되새기며 우리는 세상을 다시 보고, 바로 세우고자 하는 의지와 함께 시의 효용을 생각한다. 이우걸은 그의 말대로 우리가 안고 살아가는 세상의 여러 고통을 위무하는 시를 추구한다.

성찰의 시, 영혼의 노래

이우걸에게 시는 영원히 없어지지 않을 인간, 영혼의 노래다. 시에는 진솔함과 인간애, 그리고 성찰이 담겨야 한다. 길이는 짧아도 의미는 장강 유수로 감기는 시가 되어야 한다. 시인의 겸허와 언어의 품위가 느껴지는 시가 되어야 한다. 그에게 아름답다고 느껴지는 시는, 가식이 없어 그 시에서 시인 정신과 시인 모습이 잘 보이고 잘 느껴지는 시다.

  자주 먼지 털고, 소중히 닦아서
  가슴에 달고 있다가 저승 올 때 가져오라고
  어머닌 눈 감으시며 그렇게 당부하셨다.

  가끔 이름을 보면 어머니를 생각한다
  먼지 묻은 이름을 보면 어머니 생각이 난다
  새벽에 혼자 일어나 내 이름을 써 보곤 한다.

  티끌처럼 가벼운 한 생을 상징하는
  상처 많은, 때 묻은, 이름의 비애여

천지에 너는 걸려서 거울처럼 나를 비춘다.

　　　　　　　　　　　　　　　　—〈이름〉

　어머니 눈 감으실 때 내가 곁에 있었다면 어머니는 나에게 무슨 말씀을 하셨을까. "자주 먼지 털고, 소중히 닦아서/ 가슴에 달고 있다가 저승 올 때 가져오라고" "당부하셨"을까. 우리가 일찍이 경험하지 못했던 코로나 상황에서 면회도 할 수 없었으니 요양원에 오랜 세월 누워 계시던 어머니 마지막 눈 감으실 때 나는 곁에 없었다. 핑계가 좋은 시절에 어머니를 버린 죄. 그래. 운 좋게 시인처럼 어머니 마지막 당부를 들었다면 나도 먼지 털고 소중히 닦아서 저승 갈 때 가져갈 내 이름 있을까. 어머니를 생각하며 아니, 나 자신을 생각하며 "새벽에 혼자 일어나 내 이름을 써" 보는 나는 어떤 마음일까. "티끌처럼 가벼운" 나의 "생". "상처 많은, 때 묻은, 이름" 가진 나의 "비애"여. "천지에 너는 걸려서 거울처럼" 너를 "비"추고 있으니 어찌할 것인가. 돌이킬 수 없는 생이여, 다시 살아볼 수 없는 시간이여. 어찌할 것인가. 내 가슴 복판을 내리치듯 독자의 심금을 울리는 진솔 겸허한 시. 영혼을 울리는 성찰의 시다.

　　나이 들면 화엄사가 아름답게 보이리라
　　무슨 가설처럼 가슴에 담아둔 생각
　　그때는 내 스무 살의 청죽(靑竹) 같은 젊음 있었다.

　　이순 넘어서 다시 와 본 화엄사
　　쉽게는 묻지도 답하지도 않을 거리의

하늘에 따로 올려 논 우람한 절 있었다.

이끼 낀 기와에도 단청 없는 지붕에도
묶음으로 쌓은 공력 탑처럼 탑처럼 솟아
마음 문 열고 닿고픈 향기로운 말씀 있었다.

─〈화엄사〉

　정말 무슨 "가설"처럼 삐죽 솟기만 한 "청죽" 같은 "스무 살"에 가 본 〈화엄사〉는 "아름답게" 보이지 않았다. 그러나 "이순 넘어 다시 와" 본 화엄사는 그때 그 화엄사가 아니다. "하늘에 따로 올려 논 우람한 절"과 "쉽게는 묻지도 답하지도 않을 거리"라는 언어 너머의 아우라. "이순이 넘어" 다시 보는 고색창연한 가람의 풍모(風貌), 그 아우라는 형언할 수 없으니 "묵음"이다. 귀로 듣는 대로 모든 것을 순조로이 이해할 수 있게 된다는 이순(耳順)에 이르러 화엄사는 "마음 문 열고 닿고픈 향기로운 말씀"으로 다가온다. "쉽게는 묻지도 답하지도 않을 거리"를 간파한 시인의 안에 이미 답은 들어 있다. "모나고 흠진 이 세상도 둥글게 감"싸 안을 수 있는 연륜이 열어준 문으로 향기로운 말씀이 밀려오는 것이다.

서정과 현실의 조화

　시조 전문 반연간지 《서정과 현실》을 2003년 창간해 지금까지 이끌어오고 있는 이우걸은 "전통적이고 유미적인 것에서 현실적이고 현장적인 관점으로, 다시 서정과 현실의 조화를 고민하다가 초월적인 미학을 추구하려고 노력"했으나 "말이 주인 따라 고분고분 잘 다니는 것은 아니"라고 했다(〈시인의 말〉《모자》).

그러나 그의 '말'은 주인의 말을 따라 잘 다니는 것 같다. 그의 서정을 대표하는 〈비〉의 말이 그렇고 〈모란〉의 말이 그렇고 〈단풍물〉〈사랑 노래〉〈밀양〉의 말이 그렇다. 〈기러기 2〉가 그렇고 〈이명〉 연작의 말이 그렇다. 고분고분 주인의 말을 잘 따라다니는 그의 말들. 휴머니즘이거나 자기 고발이거나 따뜻한 인간애와 긍정의 의지를 담고 있는 〈바다〉와 〈희망〉, 〈나사 2〉와 〈환승역〉, 〈비누〉와 〈이름〉, 〈옷〉의 말이 그렇다. 여기서 호명하지 못한 시편에서도 그의 뒤를 따라 고분고분 잘 돌아다니는 말들의 자취를 본다.

모국어는 겨레를
지키는 병사다
모국어는 겨레가
마시는 물이다
사전은 그 물을 담은
아름다운 호수다

걸음마를 배울 때부터 사랑을 가르치며
모유처럼 나를 키워낸 내 정신의 어머니여
오늘은 왠지 얼굴에
그림자가 어려 있네

조국을 사랑하지만 조국을 떠나야 하는
사연 많은 사람들과 헤어지기 위하여
공항에 있다 왔을까 슬픈 국어사전이여

—〈국어사전〉

올해의 유심작품상 수상작이다. 〈국어사전〉을 앞에 놓고 차이에 대해 다시 생각한다. 이우걸 시조는 '선대의 작품들과 중요한 차이'가 있다. 이 작품이 보여주는 차이는 아직 시조에서 고뇌하지 못한 오늘의 국어 현실에 대한 이지적 통찰과 반성에 있다. 오늘의 국어 현실을 어떻게 보아야 할 것인가. 이 현실에 어떻게 대처해야 할 것인가.

거대한 "호수"처럼 "모국어"를 집대성해 놓은 국어사전. 모국어(母國語). 이 땅에서 나고 자라며 우리가 써온 말, 모국어. 우리가 태어난 나라, 조국(祖國)의 언중(言衆)이 말해온 역사가 모국어이니, 조국을 지켜온 모국어는 "병사" 아닌가. 말없이 살 수 없고 물 없이 살 수 없으니, 모국어는 이 땅의 언중이 소통하며 살아오게 한 생명력의 원천, "물" 아닌가. 모유이며 사랑이며 "정신의 어머니"인 모국어에 "그림자가 어려 있다"는 인식. 무엇이 문제인가.

낡은 이야기가 되겠으나, 공영방송에서조차 출연자들은 외래어나 국적 불명의 신조어들을 거리낌 없이 말한다. "조국을 떠나야 하는/ 사연 많은 사람들"의 은유는 무엇일까. 모국어보다는 외래어나 생경한 외국어를 대화에서 쉽게 쓰는 일은 지식인임을 자랑하는 언사로 보인다. 시인들의 시에서도 국어 사용의 오류를 종종 만나는데, 국어학자들이 보면 바로잡고 싶은 상황이 넘쳐날 것이다. 어린 학생들의 은어나 신조어를 기성세대는 알아듣지 못한다는 이야기도 진부하다. 시대 흐름을 따를 것인가, 저항할 것인가. 어쩌면 이런 언어 현상을 방치시키기보다는 지연시켜야 한다는 생각이 맞을 수 있다. '우리말 겨루기' 같은 대중매체의 방송은 반갑다. '국어능력인증시험'도 확대되어야 하겠고 이를 여러 방면에서 활용하는 일도 확대되어야겠다. 어쩌면 누구나 할 수 있는 이야기를 하는 것이겠으나 말하지 않으면 귀신도 모르는 일이 사람의 일이다. 말이란 얼마나 귀하고 중한가. 말이 칼이 아니라, 긍정의 힘이 되고 사랑이 되고 이해가 되었으면 한다. 〈국어사전〉은, 이런 사유들을 말하지 않고 말한 지혜의 시편 아닐까.

시인의 존재 이유

 하늘 아래 새로운 것은 없다지만, 시인의 존재가치를 개성에 둔다는 것은 늘 새롭다. 다른 시와 다르지 않다면 그 시는 존재 이유가 없다. 그러므로 우리는 두보의 시 한 구절을 경구로 삼는다. 위인성벽탐가구(爲人性僻耽佳句), 어불경인사불휴(語不驚人死不休). 자주 듣는 말인데 들을 때마다 긴장된다. 인간 욕심은 수미산을 다 주어도 채울 수 없다는 말도 있으나 시인으로서 개성이 도드라지는 시 세계를 구축하겠다는 욕심은 수미산, 태산보다 높아도 지나침이 없다.
 이우걸은 존재가치를 부여받기 위해서 다른 꽃과 구별되는 향기를 지녀야 한다고 했다. 여기에 노년에도 그치지 않는 자기 탁마를 주문하고 있다. 주문은 자기 실천이다. 짧아도 짧지 않은 시. 겸허와 품위. 진솔함과 인간애와 성찰. 이것이 세상의 고통을 위무하고 치유하는 힘의 원천이다. '시는 영원히 없어지지 않을 인간, 영혼의 노래'라는 정언(定言)은 그의 시적 태도이며 지향이다. 우포의 작은 문학관 앞 연못에는 지금쯤 수련이 가득 피어오르겠다.

  수상을 진심으로 축하드리며 마음의 꽃다발 안겨드린다.

홍성란_srorchid@hanmail.net.
시인. 1989년 중앙시조백일장(경복궁 근정전)으로 등단. 시집《매혹》《춤》《바람의 머리카락》 등이 있고, 시선집《애인 있어요》《소풍》 등 다수의 저서가 있음. 중앙시조대상 신인상, 유심작품상, 중앙시조대상, 대한민국문화예술상(문학부문), 이영도시조문학상, 조운문학상 등 수상. 현재 유심시조아카데미 원장.

제20회 유심작품상 소설부문 수상자

이상문

심사평 · 불교문학의 심미적 성취 도달한 소설
수상소감 · 겨울 골짜기에 찾아든 봄기운 같은 고마움
수상작 · 불호사(佛護寺)
자술연보 및 연구서지
이상문론 · 방생과자비 / 장영우

이상문 / 1947년 전남 나주 출생. 동국대 국문과 졸업. 1983년 《월간 문학》으로 소설가 등단. 국제PEN한국본부 이사장 역임. 창작집으로 《살아나는 팔》 《영웅의 나라》 《은밀한 배반》 《이런 젠장 맞을 일이》 등과 장편소설로 《황색인》(전 3권) 《계단 없는 도시》 《자유와의 계약》(전 2권) 《태극기가 바람에 휘날립니다》(전 5권) 《붉은 눈동자》 등이 있다. 대한민국문학상, 한국소설문학상, 윤동주문학상, 노근리 평화상(문학 부문), 조연현문학상 등 수상. kpma@paper.or.kr

심사평

불교문학의 심미적 성취 도달한 소설

 금년도 유심작품상 소설 부문에는 이상문의 단편 〈불호사(佛護寺)〉가 수상작으로 선정되었다.
 이 작품은 매우 복잡한 사건과 칠십 수년에 걸친 여러 갈래의 긴 이야기들로 이루어져 있지만 간결한 호흡으로 정돈된 서사에 힘입어 완성도를 높인 탁월한 단편이다. 석우라는 70세 승려의 출생 관련 이야기를 중심으로 그의 유모인 여진(대덕행 보살)과 용담 회주와의 보일 듯 말 듯한 안타까운 사랑, 처참한 전투와 무수한 살육의 현장으로 바뀐 한 고즈넉한 산사의 사건들, 그런 비극의 현장 속에서도 조금도 물러서지 않고 지켜낸 생명 존중과 자비행의 정신들, 이런 이야기들이 어울려 읽는 긴장과 즐거움을 만들어내고 있다.
 문학의 효용론자인 호러스(Horace)에 따르면 문학은 유익한 내용을 즐거운 형식으로 전달하는 기능을 갖는다. 이야기의 내용이 마치 몸에는 유익하나 그 맛이 쓰디쓴 약과도 같다면 사람들은 쉽게 받아들이지 않는다. 그러므로 쓰디쓴 약에 꿀이나 설탕을 입히듯 문학이라는 형식의 힘으로 즐겁게 읽힐 수 있어야 작품으로서 기능을 다한다. 그래서 효용론을 당의정설(sugar coated pill theory)이라고도 한다.
 일반적으로 불교문학을 비롯한 종교문학은 문학 그 자체보다도 종교적 가치를 전하려는 목적을 중심에 두는 경우가 허다해서 대체로 반영론이나 표현론적 범주보다는 효용론적 관점으로 쓰이고 읽히고 해석되는 것이 상례다. 그런 점에서 불교문학은 다분히 목적문학적 성격을 갖기도 한다.

만약 불교문학이 불교를 전달하기 위한 단순한 목적으로 문학의 형식만을 허술하게 차용한다면 불교는 잔존하나 문학은 소실되는 경우로 전락하지 않을까. 불교라는 내용과 문학이라는 형식의 긴밀한 융합, 양자의 일체화를 통한 새로운 세계의 탄생이야말로 불교문학의 미학적 파산을 방지하고 내용과 형식의 융합을 통한 심미적 성취에 도달하는 길에 이르게 될 것이다.

작품 〈불호사〉는 매우 흔한 목적문학적 범주를 벗어나 순결한 영혼을 가진 인물들의 비극적 삶을 자비의 정신으로 바꾸어 나가는 서사를 통해 불교문학의 내재적 미학을 성취한 작품으로 평가될 만하다는 데 그 뜻이 깊다.

다시 한번 수상을 축하한다.

심사위원 / 박시교, 유안진, 이근배, 홍기삼(글)

수상소감

겨울 골짜기에 찾아든 봄기운 같은 고마움

　그랬다. 먼저는 무렴했다. 다음은 내가 보기에도 자신이 민망했다. 서면으로 수상자 결정 소식을 받았을 때의 내 마음이 그랬다.
　고맙고 기쁜 마음은 그다음이었다. 그날의 이른 오후에서 다음날의 새벽이 왔을 때까지였으니, 시간이 좀 걸린 것이다.
　그럴 만한 사유가 충분했다.
　하나는 나 자신이 그 대상이 되기에 많이 부족했다. 작가로서 40년이라면 결코 짧다 할 수 없을 터였다. 그동안 자신이 얼마나 '불교 생각'을 했던가 하는 의문이었다. 슬쩍슬쩍 배경으로 스쳐 지났거나, 다 스러진 안개처럼 주제로 깔린 소설들을, 그것도 어쩌다가 발표한 것 같았다. 재작년에 내놓은 장편소설은 그중 앞에 속했다.
　근래 들어서야, 그렇게 읽어볼 만한 소설을 몇 편 발표한 것이 고작이었다. 그 가운데 〈불호사〉가 수상 대상이었다. 역사의 격변기에 시련받는 인연을 선연으로 극복하는 일이었다. 쓰는 과정에서, 애를 애를 썼다는 기억이 났다.
　또 하나는 이 상은 다른 문학상들과는 성격이 매우 달랐다. 민족 굴욕, 민족 암흑의 시기를 밝힌 만해 선사의 뜻을 기리는 일이 아니겠는가.
　나는 지금껏 감히 소설로써 타인의 고통을 해소해 주겠다는, 적어도 덜어 주겠다는 생각을 욕심으로도 갖지 못했다. 사람으로서도 다를 바가 없었다. 그래서 거기서 오는 기쁨이 어떤 것인지도 모르고 살아온 것이다.

 소설을 발표할 때면, 누군지 어떤 연유로 내 소설을 읽는 사람이 있다면 담배씨만큼이라도, 만일에 소설책을 샀다면 그 책의 정가만큼이라도 위로받기를 바라는 마음 정도를 갖고 살았다.

 다음날의 새벽이 왔을 때 이런 일이 있었다. 5층짜리 아파트 계단을 분주하게 그러나 조심스럽게 오르내리는 발자국 소리들을 여러 차례 듣고 있었다. 몇 층의, 또 몇 층의 몇 호 집 앞에 물건들을 배달하느라, 그리도 바쁘게 움직이는 사람들이 눈에 보이는 듯했다.

 문득 나는 그동안 소설을 써왔다기보다 저들처럼 생활을 위해서 노동을 해왔구나 하는 생각이 들었다. 이에 비로소 내게 상을 주는 이유를 알 것 같았다.

 고마운 마음이 깊은 겨울 골짜기들에 찾아드는 봄기운인 듯했다. 폭포들에 겨우내 얼어붙은 얼음이 비로소 녹아떨어지면서, 깊고 깊은 소리로 잇대어 울렸다. 높아지는 계곡수 흐르는 소리와 더불어 퍼져나갔다. 3년 전에 소천하신 어머니가 계시는 곳에도 그 소리가 들릴 것 같았다. 얼마나 기뻐하실까….

 설악무산 스님을 꿈에라도 꼭 한 번 뵀으면 좋겠다.

 여기서 나의 각오와 계획을 말하면 구차해질 것이다. 어디 인생이 각오대로 계획대로 살아지던가. 그래도 남은 인생을 소설가답게 살겠다는 말은 하고 싶다.

이상문

수상작

불호사(佛護寺)

이상문

　여진이 버스에서 내리자, 친절하게도 운전기사는 벌써 짐칸에서 회색 캐리어를 꺼내 놓은 채 기다리고 있었다. 나이가 든 데다 이런저런 이유로 몸이 굼떠진 탓이었다. 거기다 두 다리가 급할 때면 꼭 태를 내곤 했다. 그녀의 눈길이 한 차례 도로에서 절로 난 길을 따라 깊숙이 들어갔다가 돌아왔다. 꼭 쉰 해 만이었다.
　버스가 영산호 너머의 종점인 '중장터'를 향해 떠났다. 여진은 캐리어의 손잡이를 붙들고서 가까이에 서 있는 정류장 표지판을 올려다보았다.
　불호사······. 그녀는 확인하듯 입속으로 표지판을 읽었다. 이때 바람 끝이 얼굴을 스치면서 쌉싸래한 향기가 상큼하게 코끝에 묻어났다. 그녀의 머릿속에 오래된 비자나무 숲이 넓게 펼쳐졌다. 절로 들어가는 길의 왼쪽 산자락이었다. 지금은 얼마나 울울창창해졌을까……. 일제 때 몸통이 큰 나무들을 골라서 베어내 가고, 다시 한국전쟁 때 포탄들이 떨어져 찢기기도 했지만, 그래도 그때는 조금씩 제 모습을 찾아가고 있던 숲이었다.

여진은 캐리어를 끌고 큰길을 벗어나 절로 가는 길로 들어섰다. 인공관절로 바꿔 끼긴 했어도, 등산지팡이만 있으면 야산 정도는 거뜬히 오르내릴 수 있는 두 다리였다. 전문가의 조언을 들어가면서 착실히 운동을 해온 덕이었다. 그런데 절집에 사는 두 스님 가운데 하나가 이제 제힘으로 제 몸을 움직일 수 없는 지경이 된 모양이었다.

돌멩이투성이였던 길을 넓히고 아스팔트 포장까지 해놓은 덕에, 그녀의 걸음걸이는 가벼웠다. 떠날 때 언제 한 번쯤 오긴 와야 할 것이라고, 막연히 생각했던 것이 바로 지금이었다. 석우 주지가 보낸 문자 때문이었다.

'부서진 수레는 구르지 못하고 늙은 사람은 닦을 수 없다.'고 문자를 보낸 사람의 속뜻을, 여진이 모르지 않았다. 사정이야 어찌 됐든 절밥을 스무 해쯤 먹으면서 속을 상하기도 했고, 두 무릎이 망가지기까지 했던 셈이었다. 끼니들을 급하게 때우고 불전에서 절을 해댄 탓이었다. 물론 모두가 옛일이었다.

용담 회주일 가능성이 크지만, 석우 주지도 꼭 아니라고 믿을 수는 없었다. 아무튼 둘 가운데 하나가 나이 들어 병이 나고, 그 병이 깊었다는 뜻이었다. 그러니 그녀더러 와서 간병을 해달라는 뜻이기도 했다. 당연히 시봉하는 이가 있을 터인데도, 더없이 간절하다는데 어쩌겠는가. 스님이 병들면, 고작 뒷방에서 독살이하는 신세만 돼도 호강이라고 한다는 것을 그녀는 잘 알고 있었다.

여진의 발걸음이 바빠졌다. 뒤쫓아 오는 캐리어의 바퀴 구르는 소리가 요란해지면서 그녀는 신경이 쓰였다. 서울역에서 송정역까지는 불가피하게 KTX를 이용했다 해도, 그다음에는 절까지 택시를 탔어야 했다. 후회가 슬그머니 일어났다.

역전 광장에서 택시 정류장으로 가는 길에 중장터행 버스를 발견한 것이었다. 오랜만에 중장터라는 지역 이름을 보는 순간, 다정한 옛 친구라도 만난 것처럼 그만 마음이 끌린 것이었다. 불호사 앞 버스정류장을 지나서 10여 분쯤만 가면 중장터였다. 장이 서는 날이면 근동의 절들에서 모여든 중들로 북적댄다 해서 생긴 이름이었다. 미륵사, 개천사, 쌍보사, 문성암……. 근동에 그만큼 많은 절이 있다는 뜻이기도 했다.

길의 오른쪽을 따라 수량이 넉넉한 시내가 흐르고 있었다. 절의 북쪽 계곡에서 흘러내리는 것이었다. 자락을 시내까지 펼치고 있는 산등성이들에는 듬성듬성 삼나무들이며 전나무들이 섞여 숲을 이루고 있었다. 끝자락 굽이굽이에 철쭉꽃이 한창이었다.

작은 모퉁이를 돌아서자 쌉싸래한 향기가 와락 쏟아지는 듯했다. 비자나무 숲이었다. 그녀는 자신도 모르게 걸음을 멈췄다. 두 눈이 저절로 잠겼다. 순간 마치 그곳에 오기 위해서 새벽에 서울을 떠났던 것 같았다. 가슴이 버거웠다.

문득 청년 하나가 눈 속에 그려졌다. 가슴이 답답해졌다. 여진은 숨을 깊이 들이쉬었다. 가슴이 터질 것 같았다. 그녀는 더는 견디지 못하고 눈을 떴다. 눈앞은 한창 녹색에 젖어가는 비자나무들이었다. 이제 청년은 어디에도 보이지 않았다. 김삼수. 열아홉 살. 여진의 서방이었다. 그 사람이 여기서 붙들린 뒤에, 어디에 간다 온다 말도 못 하고 아주 가버린 것이 언제인가. 벌써 일흔 해가 다 돼가고 있었다. 절로 그녀를 찾아오던 길이었다. 그 사람이 여전히 여진의 가슴속 어디에 남아 있었던 모양이었다.

계곡에는 근사한 홍예가 걸려 있었다. 홍수가 날 때면 떠내려가 버리곤 하던 통나무다리가 있던 자리였다. 여진은 홍예를 건넌 뒤에 천천히 사천왕문 안으로 들어갔다. 그 새에 당우가 여럿 들어서 있었다. 그런데 왜인지 좀 낯설다 해졌다.

눈을 들자 잘 정비한 석축 위에 서 있는 전각이 다섯이었다. 두 개는 예전에도 있었던 것이었다. 그 가운데 지붕의 형태가 특별한 불전이 새로웠다. 불전의 격자문들이 새삼 반갑기도 했다. 그전에는 통판문이었는데 인민군들이 덤벼들어 뜯어가 버렸다고 했었다. 그래 하긴 쉰 해 만이야……. 그냥 입속말이 나왔다.

그녀가 떠나기 전까지도 이미 오랜 세월 절을 지켜온 불전이었다. 그 안에는 건칠 비로자나불을 본존으로, 좌우에서 소조 문수보살입상과 보현보살입상이 협시하고 있을 터이었다. 불전과 세월을 함께 한 불상들이었다. 건칠이나 소조 방식으로 조성한 불상은, 더욱이 협시들이 입상인 경우는 어느 절에서도 찾아볼 수 없다고, 그때의 절 식구들이 자랑스러워했다는 기억이 떠올랐다.

여진은 기억을 더듬어서 회주실과 주지실을 찾아서 눈길로 더듬었다. 석축 밑에까지 가는 동안에도 그 자리가 확실히 잡히지 않았다. 그래, 쉰 해나 지났어……. 그녀는 다시금 입속말을 했다. 어쩔 수 없는 일이었다. 내 나이가 이제 여든일곱인데 뭐…….

캐리어를 석축 밑에 둔 채로 계단을 올라간 그녀는, 급하게 불전 안으로 들어갔다. 지금 그녀는 용담 회주의 안부를 전혀 모르고 있었다. 그동안 석우 주지와 전화가 되지 않고 있어서였다. 불전을 나선 다음은 명부전이었다.

명부전에는 남편 김삼수의 위패가 있었다. 열여섯, 열일곱 살 색시가, 1년 반에서도 석 달이 모자라는 기간을 부부로 산 사람이었다. 여진은 남편의 위패가 명부전에 들어가는 것을 보고 절을 떠났었다. 도저히 절에 더는 남아 있을 수가 없었던 것이다.

"대덕행 보살님……!"

그녀가 밖으로 나가자 석우(石牛) 주지가 와서 기다리고 있다가 두 손을 덥석 잡았다. 더는 말을 잇지 못하는 그의 눈에 눈물이 글썽였다. 그녀는 그를 품에 안고 싶었다. 하지만 그는 주지 스님이었다. 그것도 이 절에서 태어나 지금까지 살고 있는 일흔 살의 노장이었다. 참아야 했다. 어찌 그리고 안기고 싶지 않을까 했다. 두 돌이 다 될 때까지 여진의 젖을 빨며 여진의 젖을 만지며 여진의 품에서 자랐고, 또 스무 살이 될 때까지도 보살핌을 받지 않았던가.

"참으로 오랜만이셨을 텐디, 어른께서는 그동안 극락에서 잘 지내셨다고 허시지라?"

먼저 그녀는 아픈 사람이 석우 주지는 아니었군, 했다. 마음이 편안해졌다.

"고맙소. 그런데 이 사람을 왜 부른 거요? 어른스님이 많이 안 좋으신 건가요?"

석우 주지는 명부전에서 나온 여진에게 제 서방이 저승에서 잘 지내던가 하고 묻는데, 그녀는 용담(龍潭) 회주가 이승에서 잘 지내는가 하고 물었다. 말길을 돌린 것이다. 안에서 얼른 보아도 김삼수의 위패를 별도로 자리를 잡아 잘 모신다는 것을 알 수 있었다. 그녀는 부담스러웠다. 자신의 잘못을 애써 지우려 드는 것 같아서였다.

"이제는 폐허의 흔적이 모두 말끔히 지워졌습니다."

전쟁 때 석축 밑에 있던 당우들이 모조리 불타버렸다 했었다. 그녀는 그 광경을 직접 보지 못했다. 그래도 그로부터 석 달쯤 뒤에야 절로 들어온 그녀는, 사방에 포탄이 떨어지는 소리며 또 콩 볶는 듯한 총소리를, 당우들에 불이 붙어 벌겋게 타오르는 광경을 늘 듣고 보는 듯했다. 시커멓게 재로 남은 당우들을 보고 살아야 했던 것이었다.

"그래도 사람들 마음에 남은 탄흔은 지워질 수 없겠지요. 죽을 때까지……"

"같이 올라가십시다. 그토록 소원하시던 일봉암을 새로 지어서 잘 모신다고는 하고 있는데 그것이 아닌갑이어라. 이달 들어 영 심상치가 않으시구만요……. 죄송합니다. 옆에서 어른스님을 지키다 본께 지까장 보살님 생각이 부쩍 간곡해져 부러서…… 꼭 젖배를 곯아서 목젖이 깔딱거리는 애기가 된 것 같더란께요."

그때야 보았더니 전각들의 뒤에 동백나무들이 무성했다. 선홍빛 꽃송이들은 이미 볼 수 없었다. 꼭대기에 일봉암이 앉아 있다는 서암의 넓은 자락이 거기까지 내려와 있었다. 여진은 석우 주지가 문자를 보낸 뒤에는, 전화를 받지 않은 이유를 짐작하고 있었다. 그녀가 이런저런 이유를 대고 따지다가 결국에 오지 않으면 어쩌나 했을 터이었다.

둘은 일봉암을 찾아서 산길을 오르기 시작했다. 석우 주지가 여진의 왼팔을 부축한 채였다. 사미 하나가 그녀의 캐리어를 어깨에 메고 뒤따르고 있었다.

"주지 스님은 특별히 아픈 데가 없었습니까? 거, 왜 불전이며 법당을 오래 들락이다 보면 생기는 병들이 있지 않던가요? 상기병 같은 것 말입니다……."

여진은 자신을 부축해 주는 석우 주지의 손길이 더없이 고마웠다. 그래서 인사로 꺼낸 말이다.

"아니어라우. 지가 절에서 태어나서 그런지 아예 신체가 절 생활에 딱 맞도록 돼 있는 것 같아요. 대덕행 보살님이 지가 스무 살 될 때까장은 쭈욱 지켜보셨은께 아시겄지만, 그 뒤에도 고뿔 한 번 잠깐이라도 앓은 적이 없구만이라우. 그러다 본께 한번 쉬고 싶어도 쉴 수가 없어서 문제라면 문제란께요. 헛허허허…."

"좋은 일입니다. 무슨 일을 하든 타고 나야 제대로 한다더니, 주지 스님은 참말로 중으로 타고나셨는갑구만이요."

"그런디, 보살님 말인디요. 그때 절의 당우들에다 어느 쪽에서 불을 놓았는지, 혹간 아시는가요?"

느닷없이 석우 주지가 일흔 해 전의 이야기를 슬쩍 꺼냈다. 아마 그동안 내내 그 일이 못내 궁금했었던가 보았다. 이야기를 시작해 보면, 제 출생의 비밀까지도 건드릴지 모른다는 기대를 은근히 하는가 싶었다. 모르기는 그녀도 마찬가지인데, 혹시나 하는 것인가 해졌다.

"빨치산, 그자들의 기습공격 때문에 그랬다는 거 같았어요. 그런데 왜 그 시절 생각만 하면 모기가 징상스럽게도 물어대는 통에, 온몸이 간지럽고 쓰라리고 부어오르고 했다는 생각부터 나는지 모르겠구만."

여진은 그 때문인지 벌써부터 이마에 땀방울이 맺히고 등이 젖어 드는 것 같았다. 마침 너럭바위가 보여서 석우 주지한테서 팔을 빼낸 그녀가 다가가서 엉덩이를 걸쳤다. 그때야 측백나무 향이 새큼하게 밀려왔다. 그때가 7, 8월이었다는데 얼마나 더웠겠는가.

"스님의 생신이 9월 20일이던가요? 내가 절에 온 것이 21일이었어요."

"저도 잘 모르지요. 어른스님허고 대덕행 보살님이 그렇다 헌께 그렇고 안 것인께요."

둘은 마주 보고 싱겁게 웃었다. 그 광경을 보지 못한 사람과 그때 세상에 나오지도 않은 사람이, 서로의 사정을 알아차렸음이었다.

"내가 절에 와서 봤을 때는 절이 아니었구만요. 경찰부대가 주둔해 있다가 막 남쪽으로 빠져나간 뒤였는데……. 그런데 주지 스님……, 어째서 이번에는 말씀 낮춰 하세요? 어머니나 마찬가진디 어째서 말씀을 고약하게 올려서 허신다요? 지가 뭔 죄를 그렇게 지었길래 그런다요……! 하고 따지지 않습니까?"

"인자 포기했습니다. 아니 폴시개 포기해 부렀은께 염려는 잡어 묶어 두시시오 잉. 보살님 마음 가시는 대로 허시란 말이어요. 아시겄어요?"

여진이 말을 하다 말고 딴소리를 한 것이다. 그녀가 석우 주지에게 존칭을 쓴 것은 아주 오래된 일이었다. 행자가 된 뒤부터였다. 그녀는 당연시 해온 일인데, 석우 주지가 생각이 들면서부터 불쑥불쑥 싫다 했던 것이다. 그녀가 절을 떠나 서울로 간 뒤로도 몇 년간은 전화 중에 좀 심하게 말할 때도 있었다.

그녀는 지금도 그 일을 생각할 때면, 자신에게나 석우 주지에게나 참 잘했구나 했다. 그때마다 속에서 기쁨이 잔잔히 일기도 했다. 장끼가 울었다. 골짜기가 쩌렁쩌렁 울렸다. 쿠르륵 꾸르륵 멧비둘기도 울었다. 때가 한창 그런 때라는 생각이 문득 들었다. 봄이었다. 서울에 사는 동안에 꽤 무뎌진 사람이 되었구나 했다. 그녀는 몇 년 전까지만 해도 한식집 일에 매달려 살았었다.

"경찰부대에는 여자들도 있었던갑지라우?"

석우 주지가 살짝 옆구리를 건드리듯이 했다.

"처음에는 8백 명쯤 되더래요. 나중에 보니 6백 명쯤, 또 나중에 보니 3백 명쯤 남았더래요. 민간인 의용경찰들을 내려보내고, 경찰 가족까지 내려보내고 나니 남은 머릿수가 그렇더라는 것이에요. 그때 여자들은 10여 명쯤 필수 요원이라며 남아 있었대요."

그는 들었던 이야기를 될 수 있으면 덤덤하게 전했다. 회주가 수좌였던 시절이었다.

"그런데 어째서 경찰부대가 이곳 덕룡산의 불호사까지 들어와 있었는가 모르겠네요 잉?"

"글씨……. 그 이유는 나도 모르겄고. 초기에는 무전기가 고장 나서 부대가 오도 가도 못 하고 이곳에 묶여 있었다던데, 그 뒤에 어렵게 수리가 되긴 됐다던데……. 그때는 너무 늦었다던가 어쨌다던가…….'

나이 탓인지 쉰 해 전까지 여기서 쓰던 지역 말이 저절로 섞여 나왔다.

"여그서는 그만 쉬고 올라가서 어른스님 용담 회주한테 물어봅시다."

여진이 엉덩이를 털고 일어섰다.

"어른스님은 말을 안 해 줄 것인디요."

"나는 언제 이런 말 한마디라도 헙디까요? 다 나이가 가르치는 것이지요. 용담 회주 스님도 세납 아흔여덟이면 진작에 입적헐 날을 받아 놓은 것과 다르지 않습니다. 아닙니까. 주지스님? 내가 이번에 알아서 절로 내려온 것도 그 생각이 들었기 때문입니다."

그는 소리 없이 웃기만 했다. 장끼가 울어대고 울어댔다. 여진의 진심이 정녕 그랬다. 아주 눈감기 전에 한 번 용담 회주를 보자는 것이었다. 둘의 그런 사이를 두고 절집에서는 뭐라 하던가. 용담 회주는 머리를 젓겠지만…… 상계(相戒)쯤 된다 할까…….

둘이서 암자의 앞마당으로 들어서자 그곳에서 종종거리고 있던 찌르레기들이 놀랐는지 킷킷킷킷 날아올랐다.

"잘 지으셨습니다. 용담 회주님이 퍽이나 좋아하셨겠습니다."

"많이 늦었구만이라우. 3년 에 안 되었은께……. 어른스님께서는 수좌 시절부터 폐허 위에다 중창허고 건립허느라고 얼마나 애를 쓰셨는디요. 보살님이 떠나신 뒤에는 더욱 열심히 허셨습니다. 저러다가 쓰러지시면 우쭈고 헐까, 다른 스님들까지 걱정헐 정도였단께요."

찌르레기들이 마당 귀퉁이의 벚나무에 내려앉아 찌르 찌르륵 찌르 찌르륵 울었다. 여진의 암자를 둘러보던 눈길도 울음소리를 좇아 날아올라서 벚나무 가지들에 내려앉았다. 가지마다 연둣빛 새싹들이 수없이 돋고 피어 있을 터인데, 그녀의 눈에는 그냥 뿌옇기만 했다.

그자들이 경찰부대를 기습공격하기 위해서 어두워지기까지 기다렸던 곳이 바로 이곳 암자 터였다고 했다. 미리 여기까지 오르는 뒤쪽의 숨은 길을 찾아냈던가 보았다.

여진이 시린 눈들을 손등으로 비빈 뒤에 막 방문 앞으로 다가갔을 때였다. 그때야 섬돌 위에 흰 고무신과 등산화가 한 켤레씩 놓여 있는 것을 볼 수 있었다. 그렇지. 수좌든지 시자든지가 와 있겠구나 했을 때, 안에서 문을 벌컥 열었다.

"바깥에 누가 오셨단가? 대덕행 보살……! 아니 여그까지 우쭈고 왔소."

여진은 주저앉을 뻔했다. 문을 열어젖힌 이가 용담 회주였기 때문이었다. 목소리가 갈라지긴 했어도 크게 울렸다. 생각한 대로라면 그는 자리보전하고 있어야 했다. 방 안에 요강을 들여놓고 살지는 않는다 해도, 거처 뒤에 이동식 해우소를 덧붙여 놓고 사는 것이 맞았다. 하마터면 그녀의 입에서 스님 미쳤어요? 하는 말이 튀어나올 뻔했다.

그런데 순간 달려들어 용담 회주의 두 손을 움켜잡고 싶은

충동은 무엇인가. 그녀는 석우 주지가 부축하고 있는 팔을 빼내 그 자리서 두 손을 모으고 있었다. 세상에 마흔여덟 살의 그 젊은 사내가 어느새 저런……. 실제로는 그동안 늙고 병든 중 하나를, 이이가 아닌 어느 다른 누군가로 생각하고 있었던 것 같았다, 그녀는 그때서야 깨달았다.

여진이 방으로 들어섰을 때는 용담 회주가 아랫목의 좌복 위에 바로 앉아 있었다. 금세 석우 주지가 달려 들어가더니, 시자와 함께 부축해서 뜻을 좇아 정돈한 듯했다.

"여전하시니 참 좋습니다. 아직도 버리지 못한 번뇌가 쌓인 탓에 다시 찾아뵀구만요."

"대덕행은 옛 모습 그대로여요. 하나도 안 변했구만……."

"마음은 눈앞의 거리인데, 발걸음은 몇천 리 거리라고, 겨우 이제야……."

"……기다렸습니다. 무여열반(無餘涅槃)이라, 두깨비는 지가 벗어놓은 허물까지 먹고 간다는디……. 그동안 진짜 헐 일은 안 허고 헛짓만 허느라고 뺑돌이같이 돌아쳤던 것 같구만이요."

시자가 그 새에 준비한 다과상을 내왔다. 석우 주지가 끓인 물을 식혀 차를 우렸다.

"여기가 어딘디요. 원진국사께서 지는 해를 잡아 놓으시고, 기어이 대웅전 상량식을 마저 하셨다는 일봉암입니다. 시간이 얼마 남지 않은 것 같아도, 어른스님과 보살님이 말씀 나누실 시간은 넉넉헐 것입니다요. 그럼 저희들은 물러가겠습니다."

용담 회주와 여진 앞에만 잔을 내어 차를 따라 놓은 석우 주지가, 그만 자리에서 일어서려 했다. 이를 용담 회주가 한 손을 들어 말렸다. 여진도 무심코 머리를 끄덕였다.
"주지도 듣고 은 말이 쌔고 쌨을 것인디……. 시자만 내려보내드라고."

시자가 잔을 하나 더 상에 내다 놓고 방에서 나갔다. 석우 주지가 제 잔에도 차를 따랐다. 용담 회주가 먼저 찻잔을 들어 입술을 축인 뒤에 내려놓는가 했다. 나머지 둘이 급하게 찻잔을 들어 올렸을 때 그가 입을 열었다. 왜인지 지는 해를 잡아 묶어 놓고 시간을 벌어 놓기라도 한 것처럼 느긋했다.

"올해 주지의 세납이 일흔이고, 법랍은 예순이라 하지만 실상은 두 가지가 다 같아요. 그 나이가 될 때까장 에미 애비가 누군지 알고 어서 속이 숱이 되았을 것이여. 아닌가?"

"아니구만이라, 어른스님."

석우 주지가 용담 회주의 말끝에다 곧장 대답을 올려붙였다. 잠시 눈을 감았다가 뜬 그가 석우 주지를 바로 보면서 다시 입을 열었다.

"자네의 에미 이름이 박 양이라. 경찰부대가 산으로 들어올 때부터 같이 있었은게, 50년 7월 18일부터 있었던 것이제. 그때는 여자가 백 명도 넘었는디 특별헌 사람이 아니었다면 기억에 없을 것이여. 근디 음식 솜씨가 원캉 좋은 디다 손이 빠르고 변죽까지 좋았단께. 우리한테 양념 같은 것을 얻어 가려고 고방에도 자주 드나들었다드만. 나는 그때 주지를 하시던 묵암(默庵) 노스님의 시봉이었은께 나한테도 잘 보일라고 애를 썼짰어. 그런디 나중에사 알았는디, 박 양헌테는 최 순경이라는 애인이 있었든 것이여. 그 최 순경을 따라서 경찰 가족이라고 산으로 들어온 것이제……."

그런 박 양이 끝까지 경찰부대에 남아 있었다는 것이 너무나 당연한 일로 여겨졌다.

사실 덕룡산 불호사로 들어온 경찰부대는 수도 서울을 방어하는 병력을 지원할 목적으로 편성된 것이었다. 물론 남서 지방은 절대 안전할 것이라는 군의 정보를 믿고 세운 작전계획이었다. 그러나 예상은 완전히 빗나갔다. 벌써 충청도를 지나 경상북도까지 인민군 세상이 되고 말았다. 그리고 곧 이 지역의 도청이 부산으로 피난하는 지경에 이른 것이었다.

결국 고립된 이 지역 경찰부대는 모인 그 자리에서 결사항전을 하거나, 서해안의 섬들로 후퇴해서 살길을 찾아야 할 처지가 되고 만 것이었다. 뒤늦게 상황 판단을 한 경찰부대가 의용경찰들과 경찰 가족들을 산에서 차례로 내보낸 것은 그 때문이었다. 병력을 정예화시켰던 것이다. 그런데 그 속에 아직 박 양이 들어 있었고, 그 박 양이 최 순경의 애인이라는 소문이 대원들 사이에 솔솔 나기 시작했다는 것이다.

"그 박 양이 8월이 됨시로 행방이 묘연해져 부렀다 허더라고. 당연히 최 순경은 애가 탔겄지만 다른 대원들은 별로 관심이 없었제. 사정이 원체 막막하고 답답하다 본께 남은 대원들 중에서도 한두 명씩 슬쩍슬쩍 하산해 버리기도 했던갑이더라고."

용담 회주는 가끔은 찻잔을 들어 목을 축여가면서 낮지만 고른 목소리로 이야기를 이어갔다. 석우 주지는 얼굴에 아무런 표정도 담지 않은 채 찻잔이 빈 시간에 맞춰 차를 따랐다. 그는 마치 그 일을 위에서 그 자리에 앉아 있는 것 같았다.

"그렇께 8월 6일이었구만. 모두가 본부로 모여서 아침 공양을 허는 때였은께, 8시가 쪼깐 넘은 시간이었을 것이어. 양재기에다 깡보리밥에 맨된장국을 받아들고 죽 둘러앉거서 막 순구락질을 시작했을 것이여. 나는 그것을 다 보고 있었다네……."

어디서 느닷없이 총소리가 울렸다. 부주의한 대원이 오발이라도 한 줄 알았다. 모두가 그랬다. 그러나 그것이 아니었다. 탕탕탕, 탕탕탕탕……. 연거푸 쏟아지는 총소리로 보아 인민군의 다발총 소리가 분명했다. 박격포탄이 사방에서 떨어져 터졌다. 당우들의 지붕이, 벽이 날아가기도 하고 불길이 솟기도 했다. 경찰부대원들도 엠원 소총으로 응사했다. 그러나 그뿐이었다. 적이 가지고 있는 박격포라든지 자동소총에 대응할 수가 없는 것 같았다.

시간이 흐르면서 경찰부대원들은 미처 전투대형조차 갖출 시간도 없어 보였다. 한마디로 역부족이었다.

그때 용담 수좌는 보았다. 요사채 뒤에 있는 고방에서 나온 박 양이, 다발총을 어깨에 멘 사내들과 함께 일봉암 터 쪽으로 올라가고 있었다. 그녀는 경찰부대와 함께 지내는 동안에 절 주변의 지리를 제대로 익혔을 터였다. 어디 그뿐이겠는가. 병력의 수라든지 전투배치 상황까지 속속들이 알고 있지 않았을까 했다.

"그자들은 한 30분쯤 절 안팎을 갈아엎어 놓고 사라져 부렀어요. 그런디 다시 생각해 본께 그자들이 인민군이 아니라 빨치산 같았다는 것이제. 어째서 그러냐 허면 복장들이 군복이 아니었은께. 순식간에 치고 빠지는 방식도 그렇고……. 연전의 여순반란사건 때, 산속으로 숨어든 것들이 때를 만났다 허고 뛰쳐나와서 한바탕 날뛰었던 것 같다는 것이란께.”
"그러니까 박 양이 빨치산이었다고라우?"
"나는 그런 말 안 했소. 그런 것 같았다면 모를까……"
"참 말씀이 이상허요."
"내가 확인해 보지 못했은께."
 여진이 따져 묻듯 했지만, 용담 회주는 끝까지 명확한 자기 소견을 내놓지 않았다.
"그때 경찰부대의 사망자가, 그런께 전사자가 47명이나 되었단께. 부상자는 백 명도 넘은 것 같고. 멀쩡한 대원들은 허다 안 된께 주위의 동암이며 남암, 북암의 숲속으로 피해서 목숨을 구헌 경우이고."
"그럼 최 순경은 그 난리 통에 어찌 됐단가요?"
 최 순경과 박 양……. 여진은 이 두 사람의 사랑이 어찌 됐는지 부쩍 궁금해졌다. 그나저나 부대 안에서 최 순경의 입장이 얼마나 난처해졌을까. 그전까지 조금도 눈치채지 못했다니……. 하긴 남녀의 사랑에 그런 것이 보일 수 있더란 말인가. 만일에 그런 것이 보였다면 진정한 사랑이 아니었겠지……. 머릿속에서 이런 생각들이 잇대어 일었다.
"없어져 부렀어요. 어딘가로 사라져 부렀단께요."
"살긴 살았네요. 그 자리에 시체가 없어서 그런 생각을 한 것이지요?"
 용담 회주가 가만가만 머리를 끄덕였다. 여진은 속으로 기뻤다. 두 사람의 사랑이 끝까지 잘 이어졌으면 했다. 앞에서 이미 박 양이 석우 주지의 어머니라 밝혔다. 언제 어디서 어떻게 박 양이 애를 가졌고, 낳기까지 했다면, 사라진 최 순경과 그녀가 반드시 다시 만났어야 했다. 아직까지는 박 양이 아이를 가졌더라는 말이 없었으니까. 여진은 조마조마했다.

그러나 이때 그녀는 느끼지 못했다. 용담 회주의 목소리가 꼭 한 번 조금 흐트러졌다는 것을. 그의 심사가 순간 고약해졌다는 뜻이었는데도.

그때 낮닭이 소리쳐 울었다. 산닭이었다. 경찰부대 수백 명이, 인민군 수십 명이 그토록 산을 뒤집고 다녔는데도 용케도 살아남은 닭이었다.

용담 회주는 입을 다물고 있었다. 갑자기 머릿속에 박 양과 최 순경이 함께 자신의 방 앞에 나타났던 때가 눈앞에 선명하게 그려졌기 때문이었다. 한밤중이었다. 그가 수좌 시절이어서 요사채에서 지내고 있었던 때였다.

박 양은 한눈에 봐도 만삭이었다. 그런데 어떻게 그사이에 배가 저렇게 산만해졌단 말인가. 도무지 이해가 가지 않았다. 그건 그렇고 그자들을 끌고 와서 절 안팎을 갈아엎어 놓은 지가 불과 두 달도 되지 않았는데 무슨 낯짝으로 찾아온 것인가 했다.

최 순경이 문 앞의 땅바닥에 무릎을 꿇었다.

"시방 요 근동에서 우리를 누가 봐주겠어요? 다들 죽일라고 달라들 텐디……. 수좌 스님……. 한 번만 봐주시오. 스님은 살인자도 봐준담시로요. 우쭈고 한 번만 봐주시오."

박 양이 땅바닥에 쓰러졌다. 입고 있는 외바지의 가랑이께부터 시커멓게 젖어 들고 있었다. 제 두 손으로 입을 틀어막았는데도 신음이 새 나오고 있었다.

어쩔 수 없겠다 싶었다. 사정이 워낙 다급해 보였다. 이러다가 요사채의 옆방들에서 스님들이 깰까 걱정이 되기도 했다. 그래서 묵암 노스님을, 주지실을 생각했다. 옆에 전용 지대방이 있었다.

최 순경에게 박 양을 업혔다. 주지의 방은 계단을 올라가서 안쪽에 있었다. 그런데 주지실 앞에 다다랐을 때는 방문을 두드리고 어쩌고 할 필요도 없었다. 섬돌 위에 내려놓자마자 박 양이 냅다 소리를 지르면서 애를 쑹덩 낳아 놓았다.

당연히 묵암 노스님이 뛰쳐나왔다. 그는 금세 사태를 읽고서 아이의 탯줄부터 찾아서 제 입으로 끊어냈다. 또 방에서 좌복을 하나 내오더니 아이를 싸 들고 들어갔다. 바라보고만 있던 둘에게는 산모를 자신의 전용 지대방으로 옮기라 했다. 일들이 그렇게 착착 진행돼 갔다.

중들이 탁발을 하러 이 골짜기 저 골짜기 이집 저집을 다니려면 천수보살이 될 수밖에 없다고 한 말을 그때 묵암 노스님을 보면서 실감했다.

박 양을 지대방으로 옮긴 뒤인 새벽에 태가 나오자, 묵암 노스님은 곧 용담 수좌더러 마을로 내려가라 했다. 가서 사립에 금줄 친 집들을 빠짐없이 찾아 들어가, 혹시 낳은 아기를 날려버린 일이 있는지를 물으라 했다. 또 그런 집을 수소문하기도 하라 했다. 우리 절의 주지 스님이 지난밤에 부처님이 현몽하신 꿈을 꾸었다. 전쟁 난 뒤에 태어났으나 날려버린 갓난아기들을 찾아서 꼭 삼신재를 지내주라 하셨다. 만일 이를 어기면 부모들의 원과 죽은 갓난아기들의 한이 동네에 서려 큰 액을 몰고 올 것이다. 지킨다면 전쟁이 끝날 때까지 동네 사람들 모두가 무사할 것이다. 그런 당부가 있으셨다 하라는 것이었다. 그래서 찾아낸 이가 김삼수의 색시 홍여진이었다. 지금 용담 회주 앞에서 두 눈을 반짝이고 있는 대덕행 보살이었다.

그런데 용담 수좌가 마을로 내려가서, 두 눈 부릅뜨고 이 골목 저 골목으로 뛰어다니고 있을 때, 박 양은 절을 떠났다는 것이었다. 갓난애를 그 방에 남겨둔 채였다.

박 양은 누구에게 사정을 알리고 간 것이 아니었다. 묵암 노스님이 불전이며, 법당으로 돌아다니는 동안에, 살짝 몸을 빼서 일봉암 터로 올라간 것이다. 출산한 지 하루도 다 지나지 않았을 때였다. 온몸이 팅팅 부어오르고, 아직 분비물이 밑으로 흐르고 있는 상태였다.

그런데 묵암 노스님은 박 양이 곧 떠나야 한다는 것을 알고 있었다. 그래서 그렇게 용담 수좌를 시켜 그런 일을 꾸몄던 것이다. 그것이 젖어미를 자연스럽게 그리고 급하게 구하는 방법이었다.

그러나 용담 수좌는, 처음에 묵암 노스님의 방식을 이해할 수가 없었다. 느닷없이 밤중에 들이닥친 임산부가 절에서 아기를 낳은 것은 어쩔 수 없는 일이었다. 그래서 비구니가 탯줄을 입으로 끊는 사태가 벌어질 수도 있었다. 경황 중인데 어디서라면 못 낳았겠는가. 그렇더라도 중으로서는 말이 되지 않는 일이었다. 이제는 거기다가 젖어미까지 들여서 아기를 아주 기를 작정이다? 그건 도저히 말이 되지 않았다. 어느 중이 아기의 아비라는 오해를 받는다면 어쩔 건가? 필경 발우를 내놓고 절에서 나가는 일이 생길 터였다.

그렇게 됐을 때 그 대상자가 자신이 될 가능성이 가장 높았다. 그는 그런 꼴을 당하고 싶지 않았다. 만일 묵암 노스님이 대상자가 됐을 때라면, 그가 대신해서 나서야 할 것이었다. 그는 결코 그리고 싶지도 않았다. 무의미한 일이기 때문이었다.

또한 둘의 거처를 절 밖에 마련해 준다 하더라도, 감쪽같이 비용만 지원해 주어야 했다. 그것이 그가 생각하는 자비였다. 나서서는 안 되었다. 오해받기 십상이니까.

그래서 그는 젖어미를 찾아서 절로 데리고 돌아올 때도 곧장 앞문으로 들어오지 않았다. 없어진 사천왕문 자리에, 고작 나무 기둥 두 개가 마주 보고 서 있긴 해도 문은 문이었다. 그래서 절의 뒤쪽까지 바짝 내려와 있는 산자락을 탔었다.

그런데 미리 알고 있었던 것처럼 묵암 노스님이 그와 젖어미를 가로막고 서 있었다. 돌아나가서 당당하게 절의 앞문을 통해 들어오라는 것이었다. 밤새 애썼다는 한마디의 치하도 없었다.

"이 세상에 절이 있는 이유가 무엇이여? 이 개도 못 먹을 독덩어리 가튼 인사야! 시방 본께 니놈은 중 노릇 헐 자격이 없다 그만 바루 내놓고 나가그라."

그는 묵암 노스님이 그토록 노하는 것을 처음 보았다. 그래 그는 그야말로 당당하게 이유들을 들어서 항의했다. 말이 되지 않아서였다. 섭섭하기도 했다.

"지가 다 생각이 있어서 헌 일이구만요!"

그도 지지 않았다. 아무리 말을 해도⋯⋯. 나더러 중을 그만두라고? 그는 이제 화가 나기도 했다.

"내가 묻는 말이 귓구녁에 안 들어가는 것이여?"

"오해받기 십상이구만요. 만일 그러면 정말로 누군 절에서 쫓겨나야 헐 것인디요."

 그는 묵암 노스님의 말이 정말로 귀에 들어오지 않았다.
 "허어! 이 독덩어리 같은 머리통이라니……. 여름에 안거 끝났을 때 내가 헌 말 못 들었단가? 만행을 나설 때도, 부드러운 빗자루로 발 딛을 곳을 쓴 뒤에, 걸음을 내딛으라 했제? 중이 첫째로 지켜줘야 헐 것이 뭣인가? ……생명이란께! 그래서 이 시상에 절이 있는 것이고……. 전쟁 치름시로 그것을 모르겄어? 사람 목숨이 하루살이 목숨 같은 것을 봄시로도……? 생명을 지킬라면 당당해사 써. 용감해사 쓴다고. 오해는 당당허지 못헌 디서 생기는 것이란께. ……앞길로 들어온 뒤에, 내일 혹간 누가 묻거든 말해줘 부러. 지난밤에 주지실 앞에 강보에 쌓인 업둥이가 울고 있었다고……. 책임은 내가 질 것인께로. 알겄는가?"
 "소문이 날 텐디요……?"
 그는 그래도 미심쩍었다.
 "우리 절 중들 중에서, 인민군이나 빨치산헌테 함부로 입 벌릴 중이 어디 있는가? 모두가 호되게 당해 봤는디……."
 그는 비로소 수긍할 수밖에 없었다. 곧 조용히 젖어미랑 절 밖으로 나갔다가 시킨 대로 앞길로 당당하게 돌아왔다.
 참말로 대단한 여자였다. 아기를 가진 지 여덟 달이 됐을 때도 배에 꽁꽁 복대를 동여매고 산속을 뛰어다녔으니까. 그 사실을 최 순경만 알고 있었다.
 묵암 노스님은 세상을 뜨기 전에, 그새 주지가 된 용담 수좌에게 말했다.
 "나는 그때도 시방도 박 양이 애기를 두고 혼자 떠나분 것이 참말로 다행이라는 생각에는 변함이 없단께. 애기는 우리가 키우면 된께……. 그 사람은 지 시상을 쫓아댕기지 못허면 못 사는 사람이여. ……그때 만약 그 사람이 애기 껴안고 그냥 그 방에 누워 있었으면 우쭈고 됐겄어? 나중에 국군이 들어왔을 때 여럿 죽었지 않겄냐고? 애기도 물론 무사헐 수 없었겄제."

"근디 우쭈고 스님은 박 양이 떠날 줄을 미리 알았다요? 참말로 부처님이 현몽해 주십디여?"

용담 수좌가 물었다.

"박 양허고 최 순경이 나헌테 왔을 때 본께, 주변에 검은 그림자들이 왔다 갔다 허더랑께. 그것이 뭣이었겄어? 애기만 낳고 나면, 그냥 끗고 가불라고 저러는 것이구나 해지더라고. 왜냐? 만약에 경찰부대에 붙잽히기라도 허는 날에는 어쩌고 될 것이여? 또 나중에 국군이 들어왔을 때 붙잽히면 어쩔 것이여? 붙잽혀서 본인이 죽는 것도 죽는 것이지만, 중요한 정보들을 안 불고는 못 배길 것 아니여? 그러면 또 그 결과가 우쭈고 되았겄어? 내 말 알아 묵겄어?"

전쟁이 끝나고도 몇 년이 지났을 때, 그러니까 소년 석우가 김삼수와 홍여진의 자식으로 호적에 올랐을 때였다. 용담 수좌가 묵암 노스님을 찾아가서, 일이 뜻대로 됐다고 알리자, 그는 그제야 정말 안심이 된다는 얼굴이었다. 석우가 섬돌 위에서 태어난 지 일곱 해 만이었다. 그때까지는 물론 지금까지도 여진과 석우 주지 본인은 모르는 일이었다.

용담 회주는 바람벽에 등을 기댔다. 벌써 30분쯤 입을 굳게 닫고 있었다. 생각을 많이 하다 보니 힘이 많이 든 것 같았다.

셋은 그저 찻잔을 들었다 났다 하기만 했다. 그 가운데서 석우 주지가 좀 바빴다. 잔이 빌 때마다 채워야 했고, 새로 차를 우려내는 일을 맡고 있어서였다.

사실 석우 주지가 볼 때 어른스님 용담 회주의 갑작스러운 변화가 심상치 않았다. 오늘 아침 공양 때도 조죽(朝粥) 몇 순가락으로 끝낸 터였다. 그동안 많은 말을 했고 꼿꼿하게 앉아 있었다. 어디서 갑자기 저런 힘이 나오는지 이해가 가지 않았다.

그는 제 부모가 최 순경과 박 양이라는 사실을 알게 된 데서 오는 놀라움보다, 회주의 그런 변화가 더 놀라웠다. 대덕행 보살 덕이라 해도 심했다. 매우 심했다. 설마 마지막을 생각하고 저러는 건 아니겠지 했다.

자신은 오로지 절집에서만 산 중이었다. 그것도 어언 일흔 해나 됐다. 속세의 삶과는 단 하루도 인연이 없었다. 그런 그에게 속세의 부모가 누구였든 어떤 사람이었든 이제 와서 무슨 의미가 그토록 있겠는가. 예전이나 지금이나, 볼 수도 없고 소식도 들을 수 없는 인연들이었다. 어른스님 용담 회주님도 그래서 지금껏 기다렸다가 비로소 입을 연 것이 아니겠는가 했다. 다 삭아 들기를, 그 냄새마저 사라지기를 기다렸을 것이라 여겨졌다.

비로소 명부전에 자리한 '최대길(崔大吉)'이란 위패가 누구 것인지 알게 돼서 오랫동안 찜찜했던 마음이 좀 시원해졌다는 정도였다. 대덕행 보살의 서방인 '김삼수(金三洙)'의 위패와 나란히 자리해 있었다.

그런데 어머니라는 박 양은 명부전에 위패조차 없는 것을 보면, 필시 어떤 집으로 개가하지 않았겠는가……. 서방이 일찍 죽었으니 당연한 일일 터이었다. 그는 그렇게 마음을 이리저리 정리해가고 있었다.

"박 양의 이름을 알고 싶구만요. 또 어디 사람인지도요…… 그분이 석우 주지 스님의 생모시라는데…….''

기다리다 못한 여진이 나섰다.

"이뻤지요? 이뻤을 것 같구만요."

용담 회주의 대답이 없자, 여진이 좀 엉뚱한 이야기를 덧붙였다. 석우 주지를 돕자는 것이었다.

"그래요. 이뻤습니다. 얼굴이 휜했은께……."

자기 생각이 맞았기 때문일까, 여진의 얼굴이 더불어 훤해졌다.

"쯧쯧쯧쯧……. 그렇고나 알고 싶은가? 그래도 내가 말을 안 하는 것은, 내가 모르기 때문이여. 그 전쟁 통에 이만큼이라도 알고 있다가 전해준 것만도 다행이라고 생각해야 허제."

용담 회주가 자화자찬으로 여진의 입을 막고 나더니, 다시 거기서부터 말을 끊었다. 석우 주지는 머리를 끄덕였을 뿐이었다. 용담 회주는 눈을 감고 있다가 뜨고 있다가 했다. 피로가 몰려드는 것 같았다.

정말로 용담 회주는 박 양의 이름을 몰랐다. 단지 술집에서 부르는 이름만 알았다. 춘희였다. 최 순경도 그렇게 그녀를 불렀다. 그렇다고 석우 주지에게 술집에서 부르는 이름을 어머니의 이름이라고 전해줄 수는 없었다. 또한 박 양이 순천 어디에 있었다는 '낙동원'이라는 술집의 작부 노릇을 하던 사람이었다는 말도 할 수가 없었다.

최 순경한테 직접 들은 말이었다. 용담 회주가 수좌 때였다. 박 양이 달아나 버린 뒤였다. 그는 아무런 거리낌 없이 제 여자에 대해서 말해 주었다. 속으로는 자랑스러워하고 있는 것처럼 보이기도 했다. 그런 사람을 고향으로 휴가 갔다가 만났다고, 그래서 진심으로 사랑했다고……. 출산을 도와준 일을 감사한다는 말에 덧붙여진 말이었다. 어쩌면 그때 자신의 마지막을 생각하고 있었던 것 같았다. 그래서 그런 말까지 누구한테라도 하고 싶었던 것인지도 몰랐다.

나중에 안 일이지만, 이어서 최 순경의 죽음이 있었던 것이니까. 박 양이 달아나 버린 뒤에도, 최 순경은 한밤중에 아기가 있는 방 앞에 나타나곤 했다. 아기를 위한다고 그 시간을 택했을 것이었다. 아비 어미의 신분을 꼭꼭 숨겨야 할 정도가 아닌가. 한 달쯤을 그렇게 했던 것 같았다. 어디서 자고 어디서 먹고 다니는지는 알 수 없었다.

젖어미가 안에 있는 까닭에 아기의 울음소리만 듣고 돌아설 때도 있었으리라. 누구에게 아기의 얼굴이라도 한번 보고 싶다는 말을 할 수조차 없었을 것이다. 대여섯 번은 우연인 것처럼 그가 기다렸다가 만났다. 아기 얼굴을 보게 해주려는 것이었다. 그런데 그때가 마지막이 될 줄은 미처 몰랐다. 그에게 충고를 했던 것이다. 아기를 위해서 처신을 어떻게 해야 할 것인지 한번 생각해 보라고 말한 것이었다. 밖에서 알게 된다면 어쩌나 하는 노파심이 쌓인 까닭이었다. 아직 인민군들의 세상이었다. 그리고 그것이 마지막이었다.

그의 주검이 발견된 곳은 일봉암 터였다. 돌아온 국군 20여 명이 예전의 경찰부대 터에 2년쯤 주둔한 적이 있었다. 아직도 전쟁이 끝나지 않았을 때였다. 그들이 수색을 한답시고 여기저기를 들쑤시고 다니다가 발견한 것이었다. 주검 옆에 어디서 가져온 것인지 엠원 소총 한 정이 놓여 있었다. 그리고 탄피 하나가 떨어져 있었다. 그사이에 흘러간 일 년이 넘는 세월에 그의 주검이 벌써 많이 삭아 있었다. 탄피에는 퍼런 녹이 슬어 있기도 했다.

이제 용담 회주는 바로 앉아 있었다. 그런데 무릎 위에 올려놓은 두 손을 쥐었다 폈다 하고 있었다. 가끔 체머리를 한 차례씩 흔들어 대곤 했다. 여전히 눈을 감은 채로 입을 꾹 다물고 있었다.

여진은 용담 회주가 몹시 힘에 부쳐 하는 것 같다고 생각했다. 그래서 자리를 펴고 편히 쉬게 하고 싶었다. 시자를 불러놓고 주위에서 물러가라 하고 싶었다. 그러나 그녀는 입을 열지 못하고 있었다. 그는 편한 이부자리가 싫다 했다. 중은 좌복 두 개면 잠자리로 넉넉하다고 고집했다. 더욱이 자신은 지금 어디까지나 객이라는 생각이 들었다. 방부 들어 의처한 객승 입장도 못 된다는 생각도 들었다. 문득 내가 이곳에 뭣 하러 와 있지 해졌다.

"다른 말씀이 더 없으시면……."

그녀의 속마음을 알았을까, 석우 주지가 넌지시 말을 건넸다.

"그러면 그렇제……. 꼭 소리 내서 허는 것만 말이 아닌께……. 인연생기(因緣生起)라. 이 시상에 소중허지 않은 인연이 어디 있겄어. 그중에서도 우리 인연은 특별히 소중허제. 참으로 오랜만에 만나 지난 세월에 못다 헌 이야기를 나눴구만. ……석우 주지가 내 이야그를 잘 알아 묵었는지 모르겄구만……?"

 용담 회주가 눈을 감은 그대로 석우 주지한테 얼굴을 돌려 한 말이었다. 한 시간을 넘기면서도 아무 말이 없었던 그였다. 그랬던 그가, 누구에게 무슨 말을 알아들었느냐고 묻는가. 여진은 둘을 번갈아서 보았다.

 "예, 어른스님. 저는 절집에서 태어나 자란 석종(釋種)이라서, 법 앞에서 게으름을 피워도 당연히 이 땅의 최고 사찰인 불호사에서 상단을 차지허고 앉거 있는지 알았구만이라우, 그런디 이 자리서 주신 어른스님 말씀으로 그만 쇠똥밭으로 궁글어 떨어져 부렀습니다. 그런께 앞으로 잠자지 말고 공부허란 말씀이 아니고 무엇이겠는가요. 주신 말씀 뼛속에 새겼구만이요."

 "시방 내가 주지헌테 허고 싶은 말은, 수레를 타고 갈람시로 미리 그것이 움직이는 이치까장 다 알고 난 뒤에사, 타고 갈라고 허면 못 간다는 것이여. 이왕에 수레를 몰고 가는 사람은 몰고 가는 일을 잘허고, 이왕에 수레를 타고 가는 사람은 닿어서 헐 일을 잘허면 쓴다는 것이여. ……지목행족(智目行足)해야제. 또한 수범수제(隨犯隨制)해야제. 소소계(小小戒)는 파해 감시로……."

 "예."

 순간 여진의 눈에 왜 그렇게 보였을까 용담 회주를 바라보고 있는 석우 주지의 눈이 살짝 젖어 드는 것 같았다. 둘 사이에 무슨 느낌이 오고 간 것 같았다. 섭섭함이 그녀의 가슴으로 싸하게 스며들었다.

 "그러면 되았네. 인자 그만 일어스시게. 나는 헐 말 다했은께……. 혹간 점심 공양 허시고 시간 나면 세 시쯤에 한번 다시 올라와 보시든지…….”
"예, 어른스님. 그럼……. 대덕행 보살님은 여그 계속 계시겄지요? 보살님헌테 귀동냥헐 말씀이 쌔고 쌨는디…….”
석우 주지가 승복 앞자락을 여며 잡고 일어섰다.
"대덕행 보살은 그냥 앉거 계시시오. 쩌깐 있다가 나가서 점심 공양 준비도 해줘사 쓴께…….”
따라 일어서려는 여진을 용담 회주가 붙들었다. 그녀는 그의 말에 붙들려 그냥 앉아 있었다. 석우 주지는 용담 회주한테 가 있던 눈길을 일어서는 동안에 그녀에게 돌렸다. 문께로 나가면서도 끝내 눈길을 보내고 있었다.
그때 여진이 그렇게 보려 했던 것일까. 잘못 보았던 것일까. 석우 주지의 입이 달싹했다. 엄니……. 그녀를 그렇게 부르고 있는 듯싶었다. 콧등이 시큰했다. 그가 나갈 때 연 문을 밖에서 닫았다. 그 눈길이 그제서야 끊겼다.
"이따 세 시쯤에 다시 올라오겠습니다.”
여진이 그렇게 생각해서 그러는 것일까. 그의 목소리가 젖어 있는 것처럼 들렸다.
"우는구만……. 어째서들 그런당가? 다시는 못 만날 사람들 만치로……. 대덕행 보살님께서 아까 박 양 이야기를 듣고 난 께로 석우 주지가 많이 짠헌갑이네 잉.”
"아닙니다. 그것이…….”
그녀는 무심코 대답을 해놓고서야 어디서 무슨 소리가 났는가 했다. 문득 용담 회주를 보았다. 그가 언제부턴가 멀쩡하게 두 눈을 뜨고 있었다. 그사이에 그녀는 잠시 정신줄을 놓고 있었던 모양이었다.

"주지는 복을 겁나게 타고 난 것이여. 갓난애기 때 젖배를 곯아 보기를 했는가, 젖 띠고 나서 밥배를 곯아 보기를 했는가. 학비가 없어서 학교를 못 댕겼는가? 놈덜보다 좀 늦게 갔지만 대학도 나왔제. 뭣이 모자런가? 호강허고 산 것이여…… 짠헐 것 없단께요."

여진은 머리를 끄덕였다. 그런데도 왜인지 가슴속의 짠한 기운은 가시지 않았다.

"참말로 짠헌 사람은 대덕행 보살이여. 그놈 땜새, 나 땜새 신세 망친 사람은 본인이란 말이여."

"그래서 어쩌란 말씀이요? 나는 두 스님 덕에 세상 잘 살았구만이요. ……그런데 나는 여기 올 때에, 스님이 다 돌아가신지 알고 있었는데, 마지막이라 생각하고 있었는데 어째서 그렇게 멀쩡허시요?"

여진은 마치 용담 회주의 건강이 그만해 보여서 원망스럽다는 듯이 말했다. 그리고 몸을 일으켜 캐리어로 다가가서 뚜껑을 열었다.

"나는 지금도 그때가 삼삼합니다. ……오늘부터는 여진 보살님을 엄니라고 부르지 마러라. 그래서는 안 된다. 앞으로 중이 안 될라면 몰라도 중이 될라면 속세와 인연을 싹 끊어야 헌다는 것이다. 석우 행자의 속세는 여진 보살님이다. 알었나? 그때 스님께서는 마치 칼로 잘라내듯이 이렇게 말씀하셨습니다. ……석우 행자가, 아니 지금의 주지 스님이 얼마나 서럽게 울던지……"

용담 회주가 맥없이 머리를 끄덕였다. 맞아, 맞아! 내가 어찌 그 일을 모르겠는가 하는 것 같았다. 누구에게 말을 안 했을 뿐이지, 그는 잘 알고 있었다. 석우가 저녁 예불이 끝난 법당에 혼자 들어가서 불전에 엎드려 밤새 울었던 것이다. 그는 입에 살짝 웃음까지 배어 문 듯이 보였다.

그녀가 가방 속에서 꺼낸 것은 케익 상자와 텀블러였다.

"혹시 드시고 싶어 할지 몰라서 챙겨 왔습니다. 빵은 사 온 것이지만 커피는 직접 내린 것입니다."

언젠가 한번은 아직 수좌인 그가 대덕행 보살한테 살짝 말한 적이 있었다. 밖에 나갔는데 대학가 앞을 지나다 보니, 젊은 남녀들이 찻집 창가에 마주 앉아 있는 모습이 그렇게 좋아 보일 수가 없더라 했다. 그런 말끝에 그가 그녀에게 내민 것이 인스턴트 커피 병이었다. 물론 설탕 봉지도 함께였다. 그날 밤에 그녀는 그와 함께 공양간에서 난생처음으로 쓴 커피 맛을 볼 수 있었다.

그는 요사채에 살았고 그녀는 여전히 주지 스님이 내준 방에서 살고 있을 때였다. 그녀는 절에서 워낙 오래 산 탓에 밖이 낯설기도 했지만, 남편이 행방불명이 된 마당에 시가로 돌아갈 수도 없었다. 스님들의 옷도 빨고 공양간에서 끼니 준비도 도우면서 지낸 터였다.

그런데 절에만 있는 그녀에게, 수좌 스님이 밖에 나갔다 돌아올 때면 살짝살짝 그렇게 선물을 건넸다. 빗이며 머리핀 브로치 같은 장신구……. 때로는 찐만두라든지 카스텔라 같이 새로운 먹을거리……. 그러다 보니 두 사람은 다른 사람들의 눈을 피해 여기저기서 만나고 있었다. 어디까지나 절 안에서였다. 여진은 그때마다 가만히 가슴이 설 다. 마치 건듯 지나는 바람결에 흔들리는 장다리밭의 노란 꽃잎처럼.

여진은 빵을 썰어서 차 접시에 담고 커피를 종이컵에 채워 찻상에 차려냈다. 용담 회주가 박수를 쳤다. 그런데 소리가 제대로 나지 않았다. 겨울밤에 봉창으로 날아든 눈송이 몇 개가 창호지를 스쳐 가는 소리 같았다. 말은 알아먹게 하면서도 손뼉 칠 힘은 없는가 했다.

그는 컵을 바로 들지 못했다. 하마터면 엎지를 뻔한 것을 여진이 잽싸게 붙잡았다. 그것을 받아 들고서 조금씩 맛보듯이 마셨다. 그와 함께 치즈 빵을 맛있게 먹고 있었다. 여진도 흉내 내듯 그렇게 마시고 먹었다.

"참말로 좋구만 잉……! "
"너무너무 좋습니다. 서울에서 출발하기 전에 생각났습니다. 스님이 밖에 나갔더니 그 모습들이 참 좋아 보이더라고 한 옛 말씀……."
"그래 그랬제. 나나 보살님이나 그동안 오로지 놈덜얼 위해서 살았은께. 놈덜한테 젖 나눠 멕이댁기 허고 살았은께……. 날마다 밤낮으로 놈덜얼 위해 정근했은께……."

용담 회주는 거기서 말을 더하지 않았다. 여진은 그의 입을 바라보고 있었다. 말이 이어지기를 바랐다. 간절히 기다렸다. 그러나 입 언저리에 아주 가벼운 경련이 지나갈 뿐이었다.

그녀가 마치 그가 된 듯이 말을 이었다. 벌써 오래전에 버릇이 돼버린 입속말이었다. "다른 사람들한테는, 다른 스님들한테는 소소계는 파하라 하셨지만…… 정작으로 내가 파할 수 있는 일이 없었습니다. 또 스님께서 파하신 일은 무엇이었습니까. 아무것도 없었습니다. 반야공(般若空)입니다. 스님……."

 여진은 김삼수의 천도재를 지내고 난 뒤에 절을 떠났다. 그 김삼수에 대한 생각이 명치께를 턱턱 막고 드는 통에 절에서는 숨을 쉬고 살 수가 없었던 것이다. 게다가 소문이 나고 있었다. 용담 수좌는 그녀의 마음을 알고서도 말리지 않았다.
 용담 회주는 아직도 걱정하는 듯이 여진의 명치께를 바라보고 있었다. 아까부터였다.
 그녀의 서방인 김삼수의 주검이 비자나무 숲에서 발견된 까닭이었다. 행방불명된 그였다. 대중공사 끝에 뜻이 모아져서 스님들이 봄을 맞아 울력을 나갔을 때였다. 그런데 그동안 쌓인 낙엽 속에서 엉뚱하게 그가 나타난 것이었다.
 그동안 깨끗이 육탈된 그는 두 가지 징표를 갖고 있었다. 신분과 사인이었다. 도민증과 총알이었다. 총알이 아홉 개나 됐다. 신고를 받고 출동한 경찰들이 그것들을 수습해간 뒤에, 곧 주지 스님에게 알려왔다. 김삼수가 인민군의 다발총에 사살되었다고.
 여진은 서방이 왜 거기까지 와서 그런 일을 당했을까 했다. 그때 퍼뜩 떠올랐다. 인민군 스무 명쯤이 민간인들을 앞세워 몰려와 절을 접수했을 때가 있었다는 것이었다. 스님들이 모두 거처에서 쫓겨나 불전과 명부전에서 지내고 있었다고 했었다. 주지 스님 덕에 오래가지 않아서 그들이 물러갔지만 그런 일이 있었던 것이다.
 그들의 소행이라는 것을 확실하게 말해 주는 움직일 수 없는 증거도 있었다. 바로 불전의 통판 문짝들이었다. 그것들을 뜯어내다가 어딘가에 참호를 판 뒤에 지붕으로 덮었다는 말이 절집 안에 오랫동안 돌아다녔던 것이다. 비용이 없어서 문짝을 새로 해 넣는 데 시일이 많이 걸렸기 때문이기도 했다.

김삼수는 젖어미로 들어간 아내가 돌아올 줄 모르고 머물러 있자, 절을 찾아오는 길이 아니었겠는가. 아무리 시가 사람들이 그녀에게 아기를 날려버린 책임을, 죄를 씌워 놓았다 해도, 그의 아내는 아내였다.

백날에 걸려 정조를 한다 해도 눈썹 하나만큼도 소용이 없는 일이었습니다. 반상합도(反常合道)라 하셨지요? 왜 나는 그렇게 살지 못했을까요……. 혼잣말을 해놓은 여진이 용담 회주를 보았다. 제 생각에 빠져 있던 그녀였다.

그가 가만가만 머리를 끄덕이는 것 같았다. 얼굴에 엷게 뿌려 놓은 분가루 같은 웃음기가 배어나 있는 것 같기도 했다.

그녀는 찬찬히 용담 회주를 보았다. 조용했다. 두 손을 무릎에 두고 바로 앉아있는 그의 모습이 너무나 고요했다.

"스님, 용담 회주님……."

여진이 가만히 불러보았다. 그는 대답이 없었다. 속삭이듯이 불러보았다. 여전히 대답이 없었다. 미동도 하지 않았다. 고요였다. 여진은 늪 같은 그 고요 속에 빠져들었다. 눈썹 하나만 좌복 위에 떨어진다 해도 천둥소리가 날 것 같은 고요 속이었다.

밖에서 인기척이 났다. 용담 화주가, 세 시쯤에 시간이 나면 올라와 보라 했던 석우 주지였다.

—《불교평론》81호(2020년 봄호) 발표

자술연보

• **1947년** 음력 섣달 여드레 자시에, 전남 나주군 세지면 성산리 1구 화동마을 101번지에서, 아버지 이순길(李順吉)과 어머니 취정댁 나필요(羅必堯) 사이에서 맏이로 태어남. 마루 끝에 나가 서면 영암 월출산 봉우리들이 눈에 환히 들어오는 집이었음. 6·25전쟁 때 빨치산들이 많이 스며들었다가 집 뒷산을 통해 지리산으로 건너갔음. 철없는 시절에 겪은 전쟁인데도 기억으로 새겨진 요인들 가운데 하나였음. 이어서 여동생 넷과 남동생 둘이 더 태어남. 어머니 취정댁은 시어머니 없는 집으로 열여섯 살에 시집와서, 동네에서 엄격하기로 소문난 시아버지 이흥보(李興甫)를 모시고 노망한 시할머니와 젖먹이까지 시동생 셋을 돌보면서 농사를 지음. 아버지는 '양복 기술자'로 타지에 나가 있었음. 덕분에 소촌의 보릿고개 때에도 하루 세끼를 무엇으로든 굶지 않았음.

• **1950-1953년** 6·25 동안 북한군이 남쪽을 점령하고 있을 때는, 할아버지를 비롯한 식구들이 해 질 녘에 12km 떨어진 영산포읍으로 피난했다가 아침이면 돌아와서 어른들은 농사지음. 종전 뒤에 사람들이 모일 때면 그동안 자신이 겪은 일들을 생존담으로 털어놓곤 했음. 그때 들은 말들이 머릿속에 또 한 시대의 기억으로 새겨졌음. 1980년대에 분단 소설들을 써낼 수 있는 자양이 됨.

• **1954-1959년** 세지남국민학교(현 세지초등학교)에 동네 사람들을 따라가서 입학함. 졸업 때까지 6년 동안을, 산골짜기의 신작로

왕복 4km쯤 걸어서 등·하교하는 동안, 정신에 힘살이 생기고 생각에 무늬가 돋는 계기가 됐음. 특히나 5학년 때의 '특별활동' 시간에 선택한 '글짓기반'에서 정주섭 선생님을 만났음. 첫 시간에 내놓은 공동 시제로 지어낸 〈나팔꽃〉을 칠판에 써놓고 칭찬함. 이때를 계기로 시를 쓰고 또 쓰게 됨. 그 전해에 막냇삼촌이 가을이면 나가 지키던 새막 천장에 꽂아둔 고시조집을 빼서 읽었을 때 큰 감동이 있었음. 4학년 초에 어머니와 형제들이 영산포읍으로 이사했을 때, 상급 학년이라는 이유로 혼자서 막냇삼촌 댁에 남아 졸업함. 그 기간에 왕복 10km 거리의 불효사(옛 불호사)로 봄·가을 두 차례 소풍을 갔음. 생전 처음으로 절 구경을 한 기억이 오래갔음.

- **1960년** 영산포중학교에 A급 장학생으로 입학. 첫 자식을 연고가 없고 자신들의 경험도 없는 대도시 광주로 진학시킬 수 없다는 부모의 속마음이 낳은 결과임. 또한 지난 3년 동안 장손과 함께 살지 못해 미안해하는 마음도 섞여 있었음. 읍내 유일한 서점인 영광서점에서 책을 사 보기 시작했음. 쉬지 않고 시를 썼지만 보여주고 배울 만한 사람이 학교에도 없었음. 가끔 영산강 가로 나가서 혼자 읽어보았음.

- **1963년** 고등학교 전기 입시에 응시했으나 실패함. 후기는 무조건 포기하고 막내 숙부네에 가 있었음. 9월에 광주로 나가서 자취 생활하면서 재수 학원에 다님.

- **1964년** 고등학교 전기 입시에 다시 실패. '후기 고등학교 중 가장 좋다'는 광주 사레지오 고등학교(현 살레시오 고등학교)에 응시,

합격함. 학교의 이름이 매우 특이하다는 정도밖에는 더 아는 것이 없는 상태였음. 이탈리아인 교장 신부와 부교장 신부에다 미국인 수사 등……. 학교 안에 가톨릭 수도원까지 있었음. 실내 농구장에 이동식 수영장이 있다는 사실도 놀라운데, 1959년에 개교할 때부터 건물 각층의 복도 양 끝에 수세식 화장실이 있었다는 사실은 더 놀라웠음. 두루마리 화장지가 국내에서 생산되지 않던 시절이었으니, 그것을 처음 보았을 때 사용법을 몰라서 혼란에 빠질 수밖에 없었다. 뿐만이 아니었음. 실제 문인을 생전 처음 만나기도 했음. 시인 문도채 선생님이었음. 선생님은 '문예반'이란 이름을 아예 쓰지 않고 '가로수 동인'이라 했음. 문학동인 가로수에 들어가서 활동하기 시작했음. 이 무렵 '좋지 않은 일' 때문에 지난 5년 동안의 시 쓰기를 놔두고 소설 쓰기로 바꾸는 일이 일어났음. 동인지 《가로수》 제1집에 게재한 단편 〈나상〉은 그래서 쓴 것이었음.

• 1965년 《가로수》 제2집에 단편 〈불연속선의 길〉을 게재했음. 이를 계기로 광주 시내 남녀 고등학생들의 문학동인 《석류》에 들어갔음. 김준태·김종·김태영·송기원·위관평·임양숙·이규식 등을 만났음. 3월부터 9월 사이에 교내 분규 계속됨. 2학년 1인 대표로 참여. 경찰서 유치장을 들락임. 외국인 성직자들인 학교 운영자와 가난한 나라의 정신이 깨어가는 학생들 사이의, 생각의 차이에서 비롯된 갈등이 유발한 분규였음. 개인으로서는 '민족의식'에 눈을 뜨는 계기가 됨. 그동안에도 '실험' '가로수' 동인의 문학의 밤 행사 등에 열심히 참여함.

• 1966년 봄. 건국대학교 건대신문사 주관 전국 고등학교생 문학

작품 현상공모에서 산문부 특상. 가을. 연세대학교 연세춘추사 주관 전국 고등학교생 문학작품 현상공모에 소설 부문 가작.

• **1967년** 동국대학교 국어국문학과 1학년의 9월. 경북대학교 경북대신문사 주관 전국대학생 문예작품 공모. 소설 부문에 단편이 당선. 1970년 교내 문학동인 '실험' 결성. 허교구·고석환·김병길·임성운·이상문이 참여.《실험》창간호(여름호)에 단편 〈생태(生態)〉 발표. 가을호에 단편 〈안노인(安老人)〉 발표.

• **1970년** 9월 군 자원입대.

• **1971년** 2월 군 생활 중 자원 파월. 그런 까닭에 학생의 신분이 유예된 상태에서 동인지 《실험》 가을호·봄호가 발간됐음.《실험》 봄호에 단편 〈현대의 야화(夜話)〉 발표, 조병옥·방석준·나혁채 새로 참여.

• **1972년** 주월 한국군 신분이었음. 귀국하여 9월 제대 복학. 곧 김창범·이명주도 복학함. 10월 유신으로 학교생활 거의 하지 못했음.

• **1974년** 2월 동국대학교 졸업. 3월 10일. 한국제지연합회 기획조사부에서 직장생활 시작. 기획조사업무는 물론 대관업무와 《제지계》 편집업무 보조까지 해야 했음. 야간통행금지에 겨우 걸리지 않을 시간에 퇴근하는 경우가 일주일에 4일 이상이었음. 대신에 신입사원이 일머리를 빨리 깨치게 됐고, 소설 쓰듯 가닥을 잡아 업

무처리를 함으로써 유능하다는 평가를 받게 됨. 와중에 안정된 생활을 하고 싶은 욕심으로 4월 15일에 공무원인 심경숙과 혼인.

- **1975년** 4월 15일 맏이 현승(炫承) 태어남.

- **1976년** 5월《독서와 독서지도》1인 책임편집 등, 보림출판사 아동도서 제작을 도왔음.

- **1978년** 둘째이면서 장남 경현(庚玄) 태어남. 차남 석형(析炯) 태어남.

- **1980년** 5월 18일 광주민주화운동(광주사태)이 유신체제 속에서 점화. 투입된 비상계엄군에 의해 도시가 봉쇄됨. 서울 사람들은 사정을 모르고 있을 때, 어떻게 소식을 반 마디씩이라도 전해 들은 고등학교 동기동창들이 모인 자리에서 귓속말을 나눴음. "네가 소설가였다면 그런 사변을 글로 쓸 수가 있지 않겠는가?" 하는 말이 있었음. 면구스러움이 컸음. 귀갓길에 버스 안에서 내 처지가 슬퍼서 소리 죽여 울었음. 먹고 사는 일과 소설 쓰기를 기어이 함께 잘 해내겠다는 굳은 결심.

- **1982년** 9월《동아세계백과사전》(동아출판사) 펄프 제지 부문 집필.

- **1983년** 3월 단편〈탄흔(彈痕)〉을《월간문학》신인 작품상 공모에 투고. 당선 통보받음. 파월 기간 현지에서 쓴 소설로 손본 것

임. 그때부터 토요일은 반드시 철야, 평일은 다음날 일의 형편에 따라서 철야 하는 세월이 18년 동안 계속됨. 《월간문학》《한국문학》《현대문학》《문학사상》《문학정신》 등 문예지에 해마다 중·단편 4~5편씩 발표하는 혜택을 받았음. 중1 때 겨울에 세상을 뜬 이홍보 할아버지에게 속으로 감사했음. 자신은 굶으면서도 동냥아치한테는 밥상을 내주는 이였음.

• **1984년** 10월 강승원·이원규·곽의진·고시홍·김호운·강인수·이상문 '창작' 동인 결성. 동인지 제1집《태어난 새는 날아야 한다》(창작예술사) 발간. 제2집《새들은 둥지를 떠났다》…… 등등, 제8집《겨울 하늘, 열 개의 풍선》(1992. 2, 강천)까지 발간.

• **1986년** 2월~4월《한국문학》에 장편〈황색인〉150매씩 3회 집중 분재 기회가 옴. 다음 해 5월에 발간된 책이 첫 달에 전국 베스트셀러 2위, 다음 달에 1위에 오름(〈중앙일보〉보도). 1990년《현암사》의 요청으로,〈황색인〉2부와 3부를 집필, 1-3권으로 발간. 전국 베스트셀러 7위에 오름. 총 40만 부쯤 판매.

• **1987년** 1월《80년대 문제 단편 재발굴》(경향신문사)에〈살아나는 팔〉게재. 중편〈숨은그림찾기〉로 대한민국 문학상 수상. 문화관광부·문화예술진흥원. 10월《숨은 그림찾기》(고려원 소설문고 042) 발간.

• **1988년** 10월《반함의 구슬》(동화출판공사) 발간. 신영철·박석수·정건영·이상문. 3월 첫 창작집《살아나는 팔》(흔겨레) 발간.

- **1989년** 2월《상황 - 0》(예가출판사) 발간. 김선주·우한용·곽의진 등. 2월《한강》(신원문화사) 발간. 운동권 그 실상과 허상. 이상문 외. 2월《쫄병수칙 2》(글사랑) 발간. 이상문 외. 6월 짧은 소설집 제1권《임은 품어야 맛인데》(지소림) 발간. 7월《그들은 그렇게 잊었다》(동화출판공사) 발간. 박범신·유익서·이광복·정건영·이상문. 8월 제2 창작집《영웅의 나라》(도서출판 동아) 발간. 중편〈적(賊)〉으로 제5회 윤동주문학상 수상. 윤동주문학상 운영위원회.

- **1990년** 4월 국내 언론사 중 최초, 제1차 베트남 르포(4.11~4.30) 연재. 참전 전우 서옥기 동행, 스포츠 서울·서울신문사 객원기자. 신문 연재 후《소설수첩 베트남 별곡》(판) 발간. 제2차 베트남 르포(12.11~12.31) 연재. 사진부 김병지 기자 동행. 부산일보 객원기자. 신문 연재 후《혁명은 끝나지 않았다》(부산일보사) 발간. 7월 첫 자선집《은밀한 배반》(고려원) 발간. 9월《한국단편문학선집 34》(금성출판사) 작품 게재. 12월 장편《자유와의 계약》(전 2권, 문이당) 발간.

- **1991년** 1월《나의 문학수업 시절》(문학사상사) 발간. 중견 문인 50인. 4월 장편《계단없는 도시》월간 동서문학에 1년 연재 후 발간(동서문학사). 7월《낯선 사내에게 말걸기》(민족과문학사)에〈도적들의 사랑〉게재. 12월 단편〈편지(片紙)〉로 선배 박제천 시인과 함께 제5회 동국문학상 수상. 9월《우리 시대의 한국문학전집 36》(계몽사)에 작품 게재.

- 1992년 2월《행복지수 계산하기》(세계일보사) 인기작가 29인.

- 1993년 1월 장편《여자를 찾다 만난 여자 그리고 남자》(전 2권, 문이당) 발간.

- 1994년 3월《우리 한때는 별이 되었나》(스포츠조선) 정종명·양귀자·이상문 외. 6월 대하소설《태극기가 바람에 휘날립니다》(전 5권, 행림출판사) 발간. 7월 '한국문학인대회, 경주' 참가. 문인 500명(소설가 50명). 한국일보사

- 1995년 4월 짧은 소설집 제2권《너를 향해 쏜다》(작가정신) 발간.

- 1996년 5월 장편《춤추는 나무1-2》발간. 남송문화《Oh, NO! 1-3》(책만드는집) 재발간

- 1999년 1월《처음으로 설래임으로 영원히》(도서출판 동인) 발간. 윤후명·구효서·이상문 외.

- 2002년 6월 대하《방랑시인 김삿갓》(전 10권, 행림출판사) 발간. 9월〈9월의 한국문화 인물 김병연〉집필. 문화관광부·문화예술진흥원

- 2003년 9월 제3 창작집《누군들 별이 되고 싶지 않으랴》(글로세움) 발간. 12월《누군들 별이 되고 싶지 않으랴》로 국제PEN문학

상 수상. 국제PEN한국본부

- **2004년** 1월 18일(음 2003년 12월 20일) 아내 심경숙 소천.

- **2008년** 3월 31일, 사회생활에 적극적이었던 김선희(金善嬉)와 어렵게 좋은 연분을 맺었음. 4월, 제4 창작집 《이런 젠장맞을 일이》(정&김) 발간.

- **2011년** 제36회 한국소설문학상 수상.

- **2012년** 5월 《최후로 생각하는 것을 생각하는 문학》(책만드는집) 발간. 동국문학 100년사. 신경림 대선배님과 함께 엮음. 11월 《작가연구 이상문》(계간문예사) 발간.

- **2013년** 3월 제34대 국제PEN한국본부 이사장 선거에 나가서 당선. 4월 1일 이사장에 취임. 시급한 회원들의 작품 게재 갈증 해소를 위해, 《PEN문학》 2배 이상으로 증면. 연간 《PEN 포엠》 발간. 임기 중 2회 이상 전 회원 발표. '세계한글작가대회' 창설. 제1회 경주 대회 개최. 대회장. 노벨문학상 수상자(르 끌레지오) 초청. 국내외 문인 400여 명, 국내외 한글학자 20명, 일반 시민과 학생들 3천여 명 참여. 자료집 외 운문집·산문집 발간. 제2회 대회를 다시 경주에서 개최. 대회장. 국가·지방자치단체 매년 개최 지원 체계 구축.

- **2014년** 제7회 노근리평화상 문학부문 수상. 《인간아 아, 인간아》

노근리국제평화재단.

• 2015년 제34회 조연현 문학상 수상. 한국문인협회.

• 2017년 3월 국제PEN한국본부 이사장 퇴임.

• 2021년 제58회 한국문학상 수상.《붉은 눈동자》한국문인협회.

• 2022년 5월. 그동안 직장인 한국제지연합회 이사(1993년 3월), 전무이사(1998년 6월), 이사장(2003년 5월), 회장직(상임 2010년 2월)을 마치고, 고문(상임 2013년 2월)으로 현재도 일하고 있음.

출강
• 1995년 9월 신구대학교 출판미디어학과 강사, 겸임교수(~1997년 8월).
• 1998년 8월 동국대학교 국어국문학과에 이어 문예창작과 학부와 대학원 겸임교수(~2005년 12월).
• 2017년 3월 강원대학교 제지공학과 자문교수(~2019년 2월).

방송
• 1988년 4월 KBS TV 〈신비의 퀴즈 탐험〉 고정 출연(~1989년 2월).
• 1989년 8월 KBS 라디오 사회교육방송 문학교실 고정 출연 (~1989년 12월).
• 1991년 1월 EBS TV 〈함께 사는 사회〉 진행(~1992년 2월).

- **1991년** 1월 KBS TV 〈아침마당〉 고정 출연(~1993년 12월).
- **1993년** 1월 KBS TV 〈사랑방 중계〉 고정 출연(~1993년 12월).
- **2005년** 4월 KBS 라디오 사회교육방송 〈보고 싶은 얼굴 그리운 목소리〉 13년 10개월 동안 고정 출연(~2021년 1월).

연구서지

이유식〈조용한 도전〉《태어난 새는 날아야 한다》창작예술사, 1984.

전영태〈월남전 인식의 심화와 확대〉《황색인》한국문학사, 1987.

김선학〈아픔의 소설화의 이야기의 재미〉《살아나는팔》한겨레, 1988.

신승엽〈현실주의적 성취와 중간자적 눈〉《은밀한 배반》고려원, 1988.

박덕규〈화해주의를 향한 질문〉《그들은 그렇게 잊었다》동화출판공사, 1989.

유한근〈상황-0〉《상황 제로》여가출판사, 1989.

홍정선〈분단현실에 대한 다양한 전착〉《영웅의 나라》도서출판 동아, 1989.

박덕규〈치열한 작가정신과 전형의 창조〉《한국문학 39》금성출판사, 1990.

유한근〈세 타입의 존재 소설〉《우리 시대의 한국문학 26》계몽사, 1991.

손홍규〈치열하고 탄탄한 서사의 리얼리스트〉《문학과 창작 1》 2002.

김문수〈황폐한 이 시대의 입담꾼〉《누군들 별이 되고 싶지 않으랴》글로세움, 2003.

류재엽〈뿌리 뽑힌 자들의 서러움〉《누군들 별이 되고 싶지 않으랴》글로세움, 2003.

장영우〈염치와 자존심〉《이런 젠장맞을 일이》김&정, 2008.

김영재〈장백폭포의 장쾌함이다〉《작가 연구 이상문》계간문예, 2012.

이경철〈걸출한 입담과 사랑으로 엮는 우리 시대의 새태와 속내〉《작가 연구 이상문》계간문예, 2012.

이원규〈그는 키보다 가슴이 크다〉《작가 연구 이상문》계간문예, 2012.

박덕규〈인간이 산 아름다운 흔적을 기리며〉《인간아 아, 인간아》문예바다, 2014.

이경철〈용서와 화해를 이끌어내는 이야기의 힘〉《붉은 눈동자》인북스, 2020.

이상문론

방생과 자비

장영우

    이상문 소설을 면밀히 살펴본 평론가들은 그를 '이야기꾼'이라 부르는 데 별다른 이견을 달지 않는다. 소설의 우리말 표현이 이야기이므로, 소설가를 이야기꾼이라 부르는 게 당연하지 않은가 할 수 있으나, 사정은 그렇게 단순하지만은 않다. 우리 소설계에서 '이야기꾼'이라 불리는 작가는 박완서·이문열 등 극히 소수에 지나지 않기 때문이다. 박완서 소설 문체를 '천의무봉'에 가깝다고 하거나 이문열을 '능란한 이야기꾼'이라 일컫는 것은 그들 작가와 작품에 대한 최대의 찬사가 아닐 수 없다. 그런 점에서 일부 평론가가 이상문에게 부여한 '이야기꾼'이란 호칭은 그와 그의 소설에 대한 가장 적확한 평가라 할 수 있을 터이다.
    독일의 문예학자 발터 벤야민은 〈이야기꾼(Erzähler)〉이란 에세이에서 이야기꾼 유형을 '농부형'과 '선원형'으로 분류한다. 태어난 곳에서 멀리 벗어나지 않은 채 평생을 보내며 자신의 견문과 체험을 후손에게 들려주는 농부는 사실 전달에 충실한 이야기꾼인 데 반해, 바다를 항해하며 이국(異國)을 두루 돌아다닌 선원은 이야기를 다소 과장되게 엮어내는 성향이어서 뚜렷한 차이를 보인다는 것이다. 그러나 벤야민의 유형 구분은, 특정 개인이 아니라 직업을 분류 기준으로 삼았다는 점에서 적절하지 않아 보인다.

이 점은 우리가 익히 알고 있는 성격 유형을 떠올리는 것만으로도 충분히 입증된다, 이를테면 '햄릿·돈키호테·놀부' 등은 독특한 개성을 가진 소설(이야기)의 주인공으로 우리 기억 속에 깊이 각인된 성격 유형이다. 하지만 '농부·선원'과 같은 직업군을 특정 성격의 유형으로 분류하는 것은 오해와 혼란의 소지가 많아 보인다. 비근한 예로, 농부 가운데도 허황한 이야기를 즐기는 사람이 얼마든지 있을 수 있고, 뱃사람 중에도 자기가 보고 들은 것만 고지식하게 전달하는 이가 있을 수 있기 때문이다. 따라서 '이야기꾼'을 굳이 유형 분류하자면 《천일야화》의 세헤라자데와 《삼국유사》의 복두장(幞頭匠)을 소환하는 게 더 유효하리라 생각한다.

잘 아는 것처럼, 세헤라자데는 천하루 동안 밤마다 왕에게 이야기를 들려주어 자신과 수많은 처녀의 목숨을 구하고 마침내 왕비가 된 설화 속 주인공이다. 그는 왕비의 불륜에 분노하여 모든 여성을 혐오하기에 이른 왕에게 자신이 보고 들은 이야기를 재미있게 각색하여 들려줌으로써 왕의 마음을 돌리는 데 성공한다. 귀가 남보다 무척 길었던 신라 경문왕은, 자신의 치부를 본 복두장에게 절대 소문내지 말 것을 명령한다. 하지만 왕의 비밀을 알고 있는 복두장은 그 사실을 아무에게도 말하지 못하는 게 너무 고통스러워 대나무밭에 가서 큰 소리로 비밀을 털어놓는다. "임금님의 귀는 당나귀 귀다!" 그 후 바람이 강하게 불면 대나무가 흔들리며 그 소리가 메아리로 널리 퍼져 모든 사람이 알게 되었다는 것이다. 이 이야기는 알렉산더 대왕 설화와 유사한데, 복두장이 이발사로, 대나무밭이 우물로 나오는 점이 다르다(그보다 오래된 이야기로는 미다스왕 설화가 있으나, 그는 아폴론의 보복으로 귀가 커진 것이므로 알렉산더나 경문왕 예화와는 엄연히 구별된다).

 복두장이 자기가 본 사실을 있는 그대로 전한 이야기꾼이라면, 세헤라자데는 왕의 호감을 사기 위해 다양한 수사와 장식을 덧붙여 꾸며낸 이야기꾼이라 할 수 있다. 이들은 모두 절대권력을 지닌 왕을 상대로 목숨을 잃을 수도 있는 절체절명의 상황을 이야기로 해결한 공통점이 있다. 복두장은 왕의 비밀을 발설하면 목숨을 잃을지도 모른다는 협박을 받았으나, 그의 발언이 사실에 기반한 것이어서 왕으로서도 처벌할 명분이 약했다. "뭇사람의 입소문은 막을 수 없다"는 중구난방(衆口難防)이나, "여러 사람의 말은 쇠도 녹인다"는 중구삭금(衆口鑠金)이란 숙어가 이 때문에 나온 것이다. 세헤라자데는 천하루 동안의 이야기를 통해, 왕이 당한 일이 그 혼자만의 불행이 아니며 이 세상에는 현명하고 정숙한 여인이 많다는 사실을 일깨워준다. 복두장과 세헤라자데는 이야기의 진정성이 지닌 힘을 직접적으로 증명한 가장 대표적인 사례로 기억할 만하며, 특히 세헤라자데는 이야기로 왕의 여성혐오증을 치유한 치료사의 비조(鼻祖)라 할 수 있다.

진실하고 재미있는 이야기는 사람을 살리는 힘을 갖는다. 세헤라자데와 복두장은 자칫 잘못하면 목숨을 잃을지도 모르는 위기 속에서 이야기를 정확히 감동적으로 전달함으로써 자신과 왕을 구할 수 있었다. 자신의 치부가 알려지는 게 싫었을 경문왕도 소문이 난 뒤 사람들이 자신을 더 친근하게 대하는 것을 알고 마음이 달라졌을 것이다. 복두장은 자신이 본 사실, 즉 왕의 귀가 길다는 점을 있는 그대로 정확하게 전달하기 위해 "임금님의 귀는 당나귀 귀"라고 표현했다.

임금의 귀 상태를 쉽고 빠르며 재미있고 정확하게 전달할 수 있었던 힘은 전적으로 그 비유에서 나온다. 그가 '임금님의 귀는 길다'거나 '임금님의 귀는 토끼 귀 같다'고 했더라면, 소문이 널리 퍼지지 않았을 테고, 임금을 토끼로 비하했다고 더 큰 징벌을 받았을지 모른다. 하지만 '임금=당나귀'라는 비유는 많은 사람에게 흥미로운 상상력을 불러일으켜 임금에 대한 호감이 더 증폭되었을 가능성이 높다. 그러니 임금이 굳이 복두장을 죽일 이유가 없어진 것이다. 소설에 허구와 비유의 의장(意匠)이 필요하고 그것이 때로 놀라운 반향과 효과를 발휘하는 것도 전적으로 이런 사정과 관련된다.

이상문은 1983년 〈탄흔(彈痕)〉으로 등단한 뒤 40년 동안 쉬지 않고 소설을 써온 작가다. 그와 비슷한 연배 작가 가운데 지금까지 현역으로 활동하는 이는 다섯 손가락으로 꼽을 정도도 안 된다. 더욱 놀라운 것은, 이상문은 40년 동안 꾸준히 소설을 써왔을 뿐만 아니라, 대학 졸업 후 입사한 직장에서 지금까지 근무하는 현역이라는 사실이다. 우리나라의 내로라 하는 작가들이 젊은 시절 직장을 다니다가도 소설 창작에 몰두하면

'전업 작가'로 전환하는 게 일반적 경향이었는데, 이상문은 그런 시류에 아랑곳하지 않고 직장생활과 소설 창작을 병행하는 놀라운 뚝심을 보여주었던 것이다. 그런 가운데 그가 《황색인》《태극기가 바람에 펄럭입니다》《방랑시인 김삿갓》 등 역작과 대하소설을 꾸준히 발표했다는 것은 실로 경이(驚異)에 가까운 일이 아닌가 한다. 그가 동년배나 선후배 작가처럼 오직 소설 창작에만 전력했으면 어떤 결과가 나왔을까 궁금하기도 하지만, 그것은 부질없는 생각이다. 그는 성실한 생활인이면서 진지한 소설가로 40년을 버텨왔고, 앞으로도 계속 소설을 쓰는 '이야기꾼'으로 남을 것이다.

이상문 소설에는 월남전을 다룬 작품이 꽤 많고, 그것들이 문학계와 일반독자에게 좋은 반응을 얻었다.

월남 파병군에서 취재한 것은 기성작가 작품에도 더러 있었지만 크게 성공한 소설은 없었던 것으로 안다. 그만큼 〈탄흔(彈痕)〉은 돋보인 작품이었다. 그것은 작품의 시선이 월남에만 국한하지 않고 '나'의 과거인 6·25 때 어머니의 인생을 조명함으로써 더욱 효과적이었으며 진주군과 현지의 여성 관계, 그리고 그들 사이에 태어난 아이를 부각시킴으로써 강한 주제를 의식케 한다.

윗글은 이상문의 등단작 〈탄흔〉의 심사평으로, 1980~90년대 그의 소설의 큰 흐름을 규정하는 언표가 된다. 1980~90년대 이상문 소설은 6·25와 월남전의 대비, 해방 후 좌우익 대립과 분단, 대학 민주화 투쟁, 노사갈등 등 한국 현대사의 가장

예민한 문제를 사회학적 상상력으로 재구성한 작품이 대종을 이룬다. 그런 점에서 작금 불교소설을 잇달아 발표한 것은 다소 뜬금없는 방향 전환이라 볼 수 있으나, 그는 1985년 〈방생(放生)〉에서 이미 불교적 생명 존중 사상과 자유를 자기 소설의 가장 중요한 화두로 가슴 깊이 갈무리해놓고 있었던 것으로 보인다. 따라서 2022년 유심작품상 수상작 〈불호사(佛護寺)〉를 제대로 이해하기 위해서는 〈방생〉과 〈손님〉을 개략적이나마 먼저 살펴보는 게 올바른 순서라 보인다.

〈방생〉은 사월 초파일 한강에 방생한 물고기를 되잡아 판 돈으로 동생의 미국 여권을 마련하려는 형의 이야기를 표층서사로 하고 있다. 하지만 그 이면에는 4·19혁명에 참가했다 총상을 입고 불구가 된 사실을 철저히 은폐한 채 작은 출판사와 서점을 경영하는 아버지, 대학 시위에 참여하여 실형을 선고받고 대학을 졸업한 뒤에도 번번이 취직에 실패하는 화자(정수), 역시 시위에 가담한 죄로 3개월의 실형을 받고 집안에 강제로 유폐되다시피 한 정길 등, 자유와 정의를 추구하다 공권력의 압제와 감시를 받으며 그릇된 선택을 한 가족의 비극적 삶이 숨겨져 있다.

아버지는 자신의 전력(前歷)이 아들의 미래에 장애가 될까 걱정스러워 4·19에서 총상을 입은 사실을 숨겼고, 화자는 동생 정길만이라도 미국에 가 자유롭게 살기 바라는 마음으로 한강에 방생된 물고기를 되잡아 팔자는 친구 무한의 엉뚱한 계획에 동조한다. 하지만 정길은 위조여권을 만들려는 정수의 불법행위를 제지하기 위해 극단적인 선택을 함으로써 서사는 결정적 파국을 맞는다. 무한과 정수가 묵직한 그물에서 발견한 것이 방생용으로 팔 물고기가 아니라 동생의 주검이란 충격적 반전으로 소설이 종결되는 것이다.

〈방생〉의 세 부자는 자유와 정의를 위해 무도한 권력에 저항하다 치명적인 상처를 입거나 형벌을 받는다. 그러면서도 그들은 자기 때문에 다른 가족이 피해를 당할지도 모른다는 두려움에서 그들을 자유롭게 풀어줄 방법을 고민한다. 하지만 그들의 선택과 행동은 방생의 참된 의미에서 벗어난 것이어서 파탄에 이를 수밖에 없다. 4·19 총상을 숨긴 아버지, 정길에게 위조 미국 여권을 만들어주려는 정수, 형의 잘못된 행동을 자신의 죽음으로 깨우쳐주려는 정길의 선택은 가게에서 물고기를 구입해 한강에 방류하며 그것을 '방생'이라 자위하는 현대인들의 근시안적 행위와 별다른 차이를 보이지 않는다.

불교에서의 방생은 목숨을 잃을 처지에 있는 생명체를 보다 자유로운 환경에서 살도록 풀어주는 자비행이지만, 불교계 일부에서 행해지는 연례적 방생 행사는 본질에서 벗어난 비인도적 상업행위에 지나지 않는다. 소설 〈방생〉에서 날카롭게 비판하고 있는 것처럼, 강에 방생한 물고기를 그물로 포획해 불자들에게 되파는 행위는, 생명을 살리는 자비행이 아니라 물고기를 이중삼중의 고통에 시달리게 하는 악랄한 살생 행위에 다를 바 없다. 〈방생〉의 무한과 정수가 한강의 물고기를 방생용으로 팔아 정길의 미국 위조여권 경비를 마련하려는 것은 방생과 자비, 자유의 정신을 곡해한 그릇된 행위다. 이와 함께, 형 정수의 반윤리적 불법 행위를 일깨우기 위해 스스로 한강에 투신한 정길의 마지막 행위 또한 불교의 생명 존중 사상과는 전혀 무관하다. 그런 점에서 〈방생〉은 오늘날 불교계 일각에서 행해지는 '방생'의 상업주의적 행태를 비판하면서, 가족의 자유와 안녕을 위해 부적절한 생존 방식을 선택할 수밖에 없는 지식인들의 고뇌와 갈등을 반어적으로 제시한 작품이라 할 수 있다.

〈손님〉은 제목 그대로 한 사찰을 찾아온 손님과 주지 및 그 절에 얽힌 인연을 전통적 서사기법으로 형상화한 작품이다. 철우가 주지로 주석하고 있는 미륵사에는 뱀을 잡아 산 깊은 곳에 방생하는 독특한 관습이 있다. 그것은 뱀이 사찰을 오가는 차량 바퀴에 치여 죽는 것을 방지하기 위함인데, 철우의 사조(師祖)인 구담 때부터 시행되어 미륵사의 전통으로 정착된 것이다.

수행 납자(衲子)들은 절 문을 나갈 때도 유달리 올이 성근 짚신을 신었다 하거니와, 그것은 혹시라도 발에 밟혀 죽을 수도 있는 작은 생물을 보호하기 위함이다. 그런 점에서 차량에 로드킬 당할 수 있는 생명체를 안전한 곳에 옮기는 방생 행위는 이상할 게 없지만, 하필이면 그 대상을 뱀으로 한정해 독자의 궁금증을 유발한다. 미륵사에서 뱀 방생 작업을 시작한 것은 6·25 전쟁이 끝난 뒤 갑자기 뱀이 늘어났기 때문으로, 구담은 그 뱀을 전란 중에 억울하게 죽은 사람들 원혼의 환생으로 여긴다. 구담이 뱀 방생 사업을 시작하며 자주 인용했다는 "일기진심수사신(一起瞋心受蛇身, 한 번 성내고 뱀 몸을 받았다)"이란 구절은 금강산 돈도암(頓道庵) 홍도(弘道) 비구의 예화에서 차용한 것이다.

홍도는 몇 생애에 걸친 용맹정진 끝에 성불 직전에 이르렀으나 한 번의 화를 참지 못해 뱀으로 환생한 뒤, 자신의 일을 경계 삼으라고 꼬리로 글을 써 수행승에게 주었다는 설화의 주인공이다. 그러므로 구담이 사찰 주변에 갑자기 늘어난 뱀을 전쟁의 원혼으로 여겨 방생하기로 한 것은 수행자로서 지극히 당연한 행동이다. 그런데 50여 년 전, 뱀 궤짝을 등에 지고 산등성이를 넘던 행자의 뱀을 빼앗아 병든 노모의 약으로 썼던 사람이 미륵사의 손님으로 찾아와 예전의 잘못을 참회하고 아버지의 빚을 갚겠다고 고백하면서 소설의 주제가 명료해진다. 좌익이었던 그의 부친은 6·25가 발발하기 전해에 미륵사에 침입하여 구담에게서 큰돈을 취득하는데, 이 대목은 절 집안에서 잘 알려진 우화 스님 일화를 패러디한 것으로 보인다.

"그러면 내가 여기서 죽을랍니다. 식구들은 가만둬도 저절로 아파 죽고 굶어 죽을 테니까."
"그러든지 어쩌든지 처사가 알아서 해요. 그런데 나는 어쩔 건가? 죽일 건가?"
"아니요! 어째서 괜히 스님을 죽입니까? 저승 가서 죗값 치르기 싫습니다. 거기서라도 잘살아 봐야지요."
(……)
"허어! 사람이 어째서 이렇게 깝깝하단가?"
"돈을 거저 주지도 못한다, 뺏길 수도 없다 하는 스님 앞에서, 뭔 놈의 용·빼는 재주가 있겠소? …… 가만 있어봐라…… 그러니까 주지도 못하고 뺏기지도 않겠다면……, 않겠다면……, 그러면 조금만 빌려주시면 되겠다! 나한테 돈을 조금만 뀌주란 말입니다. 꼭 갚을 것이니까요. 약속합니다. 맹세합니다. 많이도 말고 백 원만 빌려주세요. 우선 요번 봄을 넘기고 보자니까요. 제발……."

"그래? 그럼 빌려주지. 빌려가서 여섯 목숨 구하게. 그래야 내가 절 신도들한테 헐 말이 있지. 불사를 뒤로 미룬 이유를 말이여. 헛헛헛허……. 진작에 그렇게 나왔어야지!"

"갚겠다는 약속은 꼭 지키겠습니다. 스님! 백골난망입니다……."

─〈손님〉 중에서

구담의 기지로 그는 도둑질을 안 하고도 가족의 목숨을 지켰고, 그 아들은 미륵사의 뱀을 몰래 빼내 어머니 병을 치료했다. 그리고 사업에 성공해 큰돈을 번 그는 병들어 죽기 전에 미륵사를 찾아 옛날의 은혜와 빚을 갚겠다며 거액을 시주한다. 요컨대, 〈손님〉은 불교의 생명 존중 사상이 나와 아무 인연 없는 타자를 위한 이타적 행위인 것 같지만 궁극적으로는 내 생명을 살리는 실천적 행위이며, 모든 게 질긴 인연의 소산임을 역설한 작품이다.

87세 여성(홍여진, 대덕행)이 아픈 다리를 끌고 불호사를 찾아가는 장면으로 시작하는 〈불호사〉는, 98세 용담(龍潭) 회주와 여진의 대화를 통해 칠순에 접어든 석우(石牛) 주지의 출생 비밀을 밝히는 흥미로운 내용의 소설이다.

여진은 불호사에서 갓난아이의 젖어미로 들어가 20년을 지내다 절을 떠난 뒤 50년 만에 귀사(歸寺)하는 길이다. 그녀가 젖을 먹여 키운 아이가 석우로, 그는 호적상 김삼수와 홍여진의 아들로 등재되어 있다. 하지만 그의 친부모는 최 순경(최대

길)과 박 양으로, 순천의 술집 작부였던 박 양(춘희)은 최 순경을 사랑해 1950년 7월 18일 경찰부대를 따라 산에 들어왔으나 사실은 빨치산이었음이 뒤늦게 밝혀진다. 최 순경은 박 양이 빨치산이란 사실을 알면서도 경찰에 고발하지 않았고, 그녀와 함께 산속에 숨어 지내다 출산이 가까워지자 불호사를 찾는다. 용담이 그녀를 주지실에 데려간 순간 아이를 출산했고, 사태를 파악한 주지 묵암은 용담을 마을에 내려보내 젖어미를 찾아오라 이른다. 전쟁이 한창 중이어서 아이를 낳고 젖 몇 번 물리지 못한 채 잃은 절통한 산모가 있을 것이라 생각한 묵암 노사의 예상은 적중한다. 열예닐곱의 새색시 여진이 젖이 퉁퉁 불은 상태로 용담을 따라 불호사에 와 갓난아이의 젖어미가 된 것이다. 용담이 여진을 데리고 뒷문으로 들어오자 미리 기다리고 있던 묵암 노사는 용담에게 "이 세상에 절이 있는 이유가 무엇이여? 이 개도 못 먹을 독덩어리 같은 인사"라며 불같이 노한다. 그러면서 젖어미가 일주문으로 당당하게 들어와야 할 이유를 알려준다.

"만행을 나설 때도, 부드러운 빗자루로 발 딛을 곳을 쓴 뒤에, 걸음을 내딛으라 했제? 중이 첫째로 지켜줘야 헐 것이 뭣인가?…… 생명이란께! 그래서 이 시상에 절이 있는 것이고…… 전쟁 치름시로 그것을 모르겄어? 사람 목숨이 하루살이 목숨 같은 것을 봄시로도……?"

"생명을 지킬라면 당당해사 써. 용감해사 쓴다고. 오해는 당당허지 못헌 디서 생기는 것이란께. ……앞길로 들어온 뒤에, 내일 혹간 누가 묻거든 말해줘 부러. 지난밤에 주지실 앞에 강보에 싸인 업둥이가 울고 있었다고······. 책임은 내가 질 것인 께로. 알겠는가?"

"소문이 날 텐디요?"

그는 그래도 미심쩍었다.

"우리 절 중들 중에서, 인민군이나 빨치산헌테 함부로 입 벌릴 중이 어디 있는가? 모두가 호되게 당해 봤는디······."

그는 비로소 수긍할 수밖에 없었다. 곧 조용히 젖어미랑 절 밖으로 나갔다가 시킨 대로 앞길로 당당히 돌아왔다.

— 〈불호사〉에서

무고한 생명이 속절없이 죽어가는 전쟁을 지켜보며 생명의 소중함을 더욱 절실하게 느꼈을 용담은 자기 방문 앞에서 태어난 아이를 어떻게든 살려야 한다고 결심한다. 출가자 용담에겐 최 순경과 박 양의 신분이나 이념 같은 것은 전혀 관심의 대상이 못 된다. 그는 오직 어린 생명을 온전히 살려야 한다는 일념으로 젖어미를 구해 오라 시켰고, 갓난아이와 젖어미의 안전을 생각해 대문으로 들어오게 한 것이다. 절에 아이가 버려지는 일은 그리 낯선 일이 아니지만, 젖어미는 그렇지 않다. 남성 출가자가 수행하는 절간에 젊은 여성이 장기간 거주하기 위해서는 뚜렷한 명분이 필요했고, 업둥이를 기를 젖어미로 갓난아이를 잃은 산모를 선택한 것은 현명한 판단이었다.

부처님 가르침의 궁극적 목적은 온 중생의 성불이지만, 그것도 온전한 생명이 유지되어야 가능하다. 그런 점에서 "중이 첫째로 지켜줘야 헐 것이 뭣인가?····· 생명이란께! 그래서 이 시상에 절이 있는 것"이란 용담의 발언은 불교의 생명 존중 사상을 간단직절하게 요약한 것이고, 용담이 주석하고 있는 사찰이 하필이면 '불호사(佛護寺)'인 것도 절묘한 명명(命名)이라 할 수 있다. '불호사'란 '부처님이 보호하는 절'이 아니라 '부처님의 가피가 가득한 절', 다시 말해서 '모든 생명을 보호하는 절'이란 의미로 해석할 수 있기 때문이다.

이 소설에 등장하는 인물은 모두 70대 이상의 고령자들이다. 가장 나이 어린 석우가 70세, 홍여진은 87세, 용담은 98세로 작중인물이 모두 노인인 것은 그들이 6·25를 직접 겪은 세대라는 사실과 무관하지 않다. 앞서 살핀 대로 석우는 1950년 전쟁 중에 불호사에서 태어나 70년 동안 그곳에서 지내며 주지가 된 생래의 '석종(釋種)'이고, 홍여진은 그에게 젖을 먹여 키운 어머니 같은 존재며, 용담은 그의 생명을 거두고 올바른 수행승으로 길러낸 은사(恩師)다. 홍여진이 절을 떠난 지 50년 만에 불호사를 찾은 까닭은 "부서진 수레는 구르지 못하고 늙은 사람은 닦을 수 없다"는 편지 구절 때문이다. 원효의 《발심수행장(發心修行章)》에서 따온 이 구절은 촌음을 아껴 수행에 힘쓰라는 격려의 뜻이지만, 여진은 용담과 석우 두 출가자 가운데 한 사람이 중병에 걸린 것으로 판단하여 절을 찾는다.

여진을 본 용담이 70년 전 석우의 출생 비화를 회고하면서, 그의 부모의 신분과 죽음, 여진의 남편 김삼수의 사인(死因)이 드러난다. 작부 출신 박 양을 사랑하였을 뿐만 아니라 자랑스러워하던 최 순경은 그녀를 따라 산으로 갔다가 박 양의 출산을 위해 불호사를 찾는다. 아이를 낳은 후 박 양은 다시 산으로 돌아가고, 절 부근에 숨어지내며 가끔 아이를 살피던 최 순경은 어느 날 시체로 발견된다. 여진의 남편 김삼수는 아이를 잃고 젖어미로 간 어린 신부를 찾아 절에 오다 빨치산 총에 맞아 사살된다. 어찌 보면 여진은 자기 남편의 목숨을 앗은 빨치산의 자식을 젖 먹여 키웠다고 할 수 있으나 두 사람은 그런 사연을 전혀 모른다. 그것은 이 모든 사연을 알고 있는 유일한 증인이라 할 용담이 철저히 함구하며 지냈기 때문이다. 그런 용담이 여진과 석우 앞에서 옛이야기를 조금이나마 밝히는 것은, 석우가 인연에 떨어지거나 매달리지 않고 자유롭게 살기를 바라는 방생과 자비의 마음에서 기인한다. 방생이란 생명체가 자신에게 가장 적합한 환경에서 자유롭게 살아갈 수 있도록 모든 억압과 구속을 제거하는 행위로, 불교의 생명 존중 자비 사상의 직접적 실천이다.

옛날 백장 대사가 설법할 때 한 노인이 참석했다. 불러 연유를 물으니, 자신은 원래 이 산의 주지였으나 "수행을 크게 하면 인과에 떨어지지 않습니까?"라는 학인의 물음에 "인과에 떨어지지 않는다(不落因果)"라고 답해 여우의 몸이 되었다며, 올바른 대답으로 여우 몸을 벗어나게 해달라고 백장에게 간청했다. 백장이 "인과에 어둡지 않다(不昧因果)"고 하자 절을 하고 돌아가 여우 몸을 벗어났다는 이야기가 《무문관(無門關)》에 전한다.

용담이 석우에게 유언처럼 남긴 "수레를 타고 갈람시로 미리 그것이 움직이는 이치까지 다 알고 난 뒤에사 타고 갈라고 허면 못가는 것이여. 이왕에 수레를 몰고가는 사람은 몰고 가는 일을 잘 허고, 이왕에 수레를 타고 가는 사람은 닿어서 헐 일을 할 허면 쓴다"는 말은 인연에 얽매이지 말고 오직 수행에만 힘쓰라는 간곡한 가르침이다.

  용담은 자신의 입적이 얼마 남지 않았다는 사실을 알고 석우의 출생 비밀을 간략히 알려주면서도, 건강하게 살아 있는 지금 이 순간이 중요할 뿐 70년 전 과거사는 모두 헛것(幻影)에 지나지 않음을 깨우쳐주고자 한 것이다. 인과에 떨어지는 것이나 인과에 어둡지 않은 것이나 표현은 다를 뿐 인과를 의식해 얽매이는 점에서는 큰 차이가 없다. 이 점을 백장의 제자 황벽이 지적했다는 이야기가 《무문관》 제2칙(〈백장야호(百丈野狐)〉)에 이어지거니와, 용담은 70년 전 과거사는 듣고 곧 잊으란 뜻으로 "지목행족(智目行足) 수범수제(隨犯隨制)"를 강조한다. 그것은 지혜롭게 수행하되 계율을 철저히 지켜 과거 인연 따위에 흔들리지 말라는 가르침으로, 용담의 평생 수행 방식이었던 것이다.

  석우가 내려가자 여진과 용담은 서로를 위로하며 과거를 회상한다. 50년 전 용담은 젊은 젖어미를 위해 간혹 빗·머리핀 등 장신구나 찐만두, 카스텔라 같은 먹거리를 가져다주었는데, 그것은 어린 나이로 절의 젖어미로 들어와 젊은 시절을 보낸 여진에 대한 보은의 성격을 띤다. 그녀는 법명 대덕화(大德華)처럼, 한 생명을 온전히 보듬어 키워 반듯한 수행자로 길러낸 보살 같은 여인이다. 여진이 서울에서 준비해온 커피와 케이크를 나눠 먹는 두 사람의 모습은 한 폭의 아름다운 그림을 연상시킨다. 석우에게 "지목행족(智目行足) 수범수제(隨犯隨制)"를 유언처럼 남기고, 여진의 케이크와 커피 공양을 받은 용담이 조용히 좌탈입망(坐脫立亡)하는 것으로 이 소설은 끝난다. 그것은 용담이 평생 올바른 지혜와 수행으로 용맹정진

함으로써 마침내 한 소식 했다는 의미로 이해할 수 있다.

〈불호사〉〈손님〉 등 이상문의 불교소설이 70년 전 6·25를 서사의 주요 시간 배경으로 한 것은 단순한 우연처럼 보이지 않는다. 두 편의 소설은 좌우익 대립으로 절대적인 생존 위기에 처한 인물이 가까스로 살아남아 과거의 은혜를 갚고 자유인으로 거듭나는 이야기가 핵심 서사를 이룬다. 〈손님〉의 최기원은 부친이 빨치산이었으나 구담 스님의 도움으로 가족이 생계를 이을 수 있었다는 사실을 뒤늦게 알고 미륵사를 찾아 빚을 갚는다. 석우는 불호사에서 태어나 부모가 누군지 모른 채 성실한 수행승으로 자유로운 삶을 살아간다. 입적을 예감한 용담이 석우에게 최소한의 출생 비밀을 알려주는 것은, 과거 인연에 얽매이지 말고 더욱 용맹정진하라는 가르침이다.

이들 소설은 우리 역사의 가장 쓰라린 비극 가운데 하나인 6·25가 "사람들 마음에 탄흔"으로 남아 지워질 수 없다는 사실을 새삼스럽게 일깨우는 것처럼 보인다. 하지만, 이들 소설의 주제 의식은 그 탄흔의 상처를 헤집어 할퀴자는 게 아니라, 상처가 잘 아물어 덧나지 않게 치유하자는 것으로 수렴된다. 그러기 위해서는 과거 인연이나 은원관계에 집착할 게 아니라 현재의 삶에 충실하며 자기 성찰을 통해 정신의 자유를 누려야 한다.

한때 우리 소설에서는 해방 후 이념 갈등과 6·25를 다루면서 이념적 편향성을 강하게 드러낸 작품이 주류를 형성한 적이 있었다. 주지하다시피, 해방 후 이념 갈등과 6·25는 그 상처가 아물지 않고 현재까지 고통이 이어지는 한국 현대사의 최대 비극이다. 그럼에도 불구하고 최근 우리 문학계에서는 이 문제에 관심을 갖는 작가나 작품을 거의 찾아보기 어렵다. 좌우익 갈등과 6·25를 이념적 관점에서 접근하는 순간 편향성이 개입될 수밖에 없고, 이전 소설의 동어반복에서 크게 벗어나기 어렵다는 사실을 그들 모두 잘 인식하고 있기 때문이다. 더욱이 요즘 젊은 작가들에게 해방 후 좌우익 갈등과 6·25는 서적 등을 통해 습득하는 간접 체험일 테고, 그것들은 특정 이념의 관점에서 서술된 것이 대부분이어서 그들 또한 그 영향에서 자유롭기 쉽지 않다.

1947년에 태어난 이상문은, 해방 후의 참혹한 역사를 직접 목격하고 생생한 증언을 들었던 거의 마지막 세대에 속하는 작가다. 특정 역사적 사건을 직접 체험한 사람만이 그 사실을 가장 정확하게 증언할 수 있다고 말하는 것은 어폐가 있으나, 이상문은 당시 사건의 소설적 재현과 해결 방식을 나름대로 고민해온 것 같다.

앞서 말했듯, 그의 등단작 〈탄혼〉은 월남전을 배경으로 하고 있지만 서사의 심층구조는 한국전쟁과의 대비에 놓여 있다. 그 밖에 그의 주목할 만한 작품이 대부분 자유와 생명 존중 사상을 주제로 한다는 점도 유의할 부분이다. 그는 자신의 첫 창작집 《살아나는 팔》 서문에서 "나는 자신이 소승(小乘)의 즐거움 속에만 빠져들지 않도록 경계하고 사람들이 사는 궁극적인 이유가 자유에 대한 갈망에 있으며, 작가란 이를 위해 어떤 형태든 소설로써 도움을 주어야 한다는 믿음을 갖고 있다"고 피력한 바 있다.

요컨대, 그의 문학적 화두는 '자유'와 '생명 존중 사상'으로 요약할 수 있으며, 그 두 주제를 융합한 것이 불교적 방생 혹은 자비 사상이라 할 수 있다. 그런 점에서 〈불호사〉는 이상문의 이야기꾼적 기질이 무르익어 열매 맺은 가편(佳篇)이면서, 좌우익 갈등과 6·25로 발생한 우리 민족의 육체적·정신적 탄흔(彈痕)을 치유할 방법을 불교적 관점에서 제시한 문제적 작품이라 보아 크게 잘못이 아닐 터이다.

장영우_cywoo@dongguk.edu
문학평론가. 동국대학교 국문과, 동 대학원 졸업(문학박사). 동국대학교 문예창작과 교수 역임. 주요 논문으로 〈한국 현대소설에 나타난 미륵사상〉 〈한국 현대소설과 불교 생태관〉 〈불교적 문학관의 가능성〉 등과 《이태준 소설 연구》 《거울과 벽》 《연기의 시학》 등 저서 다수가 있다. 동국문학상, 현대불교문학상, 유심작품상(평론 부문) 등 수상. 현재 동국대학교 명예교수.

제20회 유심작품상 특별상 수상자

신경림

심사평 · 시수(詩壽) 예순일곱 해를 우러르며

수상소감 · 숲속 작은 나무를 혼자 가꾸듯 행복해

근작 · 눈이 온다 등 5편

자선대표작 · 파장(罷場) 등 11편

등단작 · 갈대

자술연보

수상자론 · 우리 시의 높은 경지를 보여주다 / 이경철

신경림 / 1936년 충주 출생. 동국대 영문과 졸업. 1955년 《문학예술》로 등단. 한국작가회의 이사장, 민족예술인총연합 의장 등 역임. 시집으로 《농무》《새재》《가난한 사랑 노래》《어머니와 할머니의 실루엣》《낙타》 등과 산문집 《민요기행》 외, 어린이책 《겨레의 큰사람 김구》《엄마는 아무것도 모르면서》 시 그림책 《아기 다람쥐의 모험》 등 다수. 만해문학상, 단재문학상, 대산문학상, 호암상(예술부문), 4·19문화상 등 수상. 현재 동국대학교 석좌교수, 대한민국예술원 회원. skyungrim@daum.net

심사평

시수(詩壽) 예순일곱 해를 우러르며

　우주 만물의 모든 일은 사람의 마음에서 만들어진다고(一切唯心造) 했던가. 하여 나라를 잃고 이 땅의 백성들이 어둠 속에 갇힐 때 만해 선사께서 《유심》을 창간하셨고(1918. 9. 1.), 이 뜻을 받아 무산 조오현 대종사께서 순수 시 전문지 《유심》을 재복간하셨다. 이에 더하여 '유심문학상'을 제정하여 올해로 20주년을 맞게 되었다.
　'유심문학상'은 작품상으로 엄정하게 가름해왔으며 '특별상'은 오랜 창작 활동에서 유심 사상을 실천해 온 한국 문단의 원로에게 헌정하여 왔다. 올해는 특히 20주년을 기념하는 큰 뜻으로 한국 시단의 원로이신 신경림 선생을 모시게 되었다.
　신경림 선생은 19세 때인 1955년 《문학예술》에 시 〈갈대〉 등이 이한직에 의해 추천되어 등단, 올해로 시력 67년토록 1950년대 이후 시문학사의 한가운데서 독창적인 시 세계를 열어온 시인이다.
　"언제부터인가 갈대는 속으로 울고 있었다"로 시의 첫 줄을 낳고 "산다는 것은/ 속으로 이렇게/ 조용히 울고 있는 것이란 것을/ 그는 몰랐다"로 맺는 시 〈갈대〉는 이미 오래전부터 우리 모국어의 대표 명시로 널리 애송되고 있거니와 '창비 시선' 첫 권으로 낸 《농무》를 비롯 《새재》 《남한강》 《가난한 사랑 노래》 《어머니와 할머니의 실루엣》 《낙타》 등 질풍노도로 일으켜온 사봉필해(詞峰筆海)를 필설로는 다 이를 수가 없다.

　월간 문예지《문학예술》은《현대문학》보다 앞서 1954년 4월에 창간, 시인으로는 성찬경, 박성룡, 민재식 등이 등단하여 활발한 시작 활동을 해왔으나, 지금은 오직 신경림 선생 한 분이 높고 푸른 느티나무가 되어 7백 리의 그늘을 거느리고 있다.

　"쇠전을 거쳐 도수장 앞에 와 돌 때/ 우리는 신명이 난다/ 한 다리를 들고 날라리를 불거나/ 고갯짓을 하고 어깨를 흔들거나"

　시《농무》의 끝자락처럼 만해축전의 하나로 '유심작품상'의 잔칫날을 맞아 저절로 어깨춤이 나는 것을 어쩌랴. 끝으로 신경림 선생의 강녕하심을 빈다.

　　　　　　　　　　심사위원 / 박시교, 유안진, 이근배(글), 홍기삼

수상소감

숲속 작은 나무를 혼자 가꾸듯 행복해

  돌아보니 평생을 시를 읽고 쓰며 살았다. 시 쓰는 외에 다른 일도 두어 가지 끄적거렸지만, 시 외에는 너무 하찮은 일들이어서 무슨 일을 했다고 말하기도 어렵다. 어언 시를 읽고 쓰는 사람도 옛날에 비해 터무니없이 적어졌으니 내가 한 일이 이제 아주 작은 일이 되고 말았다고 주위에서들 말한다. 하지만 당초 시를 쓰는 일이 세상의 모든 사람의 눈에 번쩍 띄는 큰일이라 시를 쓰기 시작한 것은 아니다. 그때도 시는 아주 적은 사람들한테 읽히고 아주 적은 사람들이 쓰기는 매한가지였다. 그래도 나는 시를 쓰는 일이 행복했고, 그러니 지금도 행복하다. 그때나 지금이나 시를 읽는 일이 하늘에 숨은 별을 혼자서만 보는 것 같아 기쁘고 시를 쓰는 일이 숲속에서 작은 나무를 혼자서 가꾸는 것 같아 행복하다. 시를 가지고 세상을 바꿔보고도 싶고 시를 통해 세상의 굽은 곳을 펴고 싶은 꿈에 들뜨기도 하면서 갈등과 번민도 없지 않았지만, 시를 읽고 쓰며 살아온 한평생은 그래도 행복했다. 더 좋은 시를 썼더라면 하는 아쉬움은 없지 않지만.
  만해 스님 그리고 무산 스님의 정신이 함께 깃들어 있는 이 상을 받는 일이 더없이 영광스럽다. .

신경림

근작 5편

눈이 온다

그리운 것이 다 내리는 눈 속에 있다.
백양나무 숲이 있고 긴 오솔길이 있다.
활활 타는 장작 난로가 있고 젖은 네 장갑이 있다.
아름다운 것이 다 쌓이는 눈 속에 있다.
창이 넓은 카페가 있고 네 목소리가 있다.
기적 소리가 있고 바람 소리가 있다.

지상의 모든 상처가 쌓이는 눈 속에 있다.
풀과 나무가, 새와 짐승이 살아가며 만드는
아픈 상처가 눈 속에 있다.
우리가 주고받은 맹서와 다짐이 눈 속에 있다.
한숨과 눈물이 상처가 되어 눈 속에 있다.

그립고 아름답고 슬픈 눈이 온다.

훨훨 새 떼가

훨훨 새 떼가 날아오른다
멀리 오리온자리까지 날고 싶었던
내 어린 시절의 꿈들이 날아오른다
어두운 구석방에서 쥐어보던 힘없는
우리들 젊은 날의 빈 주먹이 날아오른다
바른 세상 만들겠다던 고른 세상 만들겠다던
우리들 철없던 날의 맹세를 비웃으면서
가마우지 떼가 날아오른다 비오리 떼가 날아오른다
끼룩끼룩 나를 놀리면서 자꾸만 놀리면서
모든 꿈이 저녁 하늘 노을보다도 헛되었다고
꼭두각시 춤이었다고 모두가 헛되다고 달래면서
훨훨 새 떼가 날아오른다
함께 가자고 물병자리까지 함께 가자고
이제는 늙고 병들어 더욱 아무것도 할 수 없는
허수아비처럼 가벼워진 나를 등에 오르라며
함께 가자고 사자자리까지 함께 가자고
아직도 버리지 못한 내 미련이 가엾어
엉거주춤 땅에서 발을 못 떼는 나를 울면서
흰뺨검둥오리가 날아오른다 왜가리가 날아오른다
훨훨 새 떼가 날아오른다

비대면 시대의 여행

여권도 항공권도 없는 여행을 떠날 거야
사자자리로 큰곰자리로 염소자리로
어쩌다 사람 사는 별에 이르기도 하겠지
예사롭게 거기 섞여 한 두어 달 묵으면 좋지
둥그렇게 동산 위에 떠 있는 내 땅을 쳐다보며
조금은 뉘우치고 조금은 부끄러워해도
세상 살며 밴 땀과 때 빠져나가진 않겠지

고집과 심술 많이 풀려 풀잎처럼 순해지면
공작자리 전갈자리 두루미자리도 돌아야지
친지들한테 줄 선물도 하나씩 마련할 거야
작은 별똥별 하나에 꽃잎 하나씩 묻혀서
내 서른 마흔 그리고 여든을 오가면서
뉘우치면서 부끄러워하면서 다시 뉘우치면서
전갈자리 큰곰자리 물뱀자리를 오가면서

밤은 길고 길지만

큰부리새자리로 여행을 떠나야지
울란바토르도 제주도도 갈 수 없는
비대면 시대의 밤.
별과 별 사이를 오가다가
사람 사는 별 만나면 거기 짐을 풀고.
작은 짐승이 되어, 하늘 높이 붙은
내 땅을 멀리 올려다보면서
나는 조금은 서러울 거야.
햇볕이 잘 드는 냇가를 찾아가
내 속 깊은 데 오래 갇혀 딱딱해진
내장들을 꺼내 빨래 널 듯 널 거야,
고집과 편견 따위로 돌이 돼버린 지 오랜 것들.
그것들 나뭇잎처럼 가벼워지면
주섬주섬 챙겨 넣고, 별자리 지도
달랑 한 장 들고 돌아와야지,
비대면 시대의 여행을 끝내고.
내 속의 것들 돌처럼 다시 굳겠지만.

그해 초여름

머리칼에 나부끼는 장미꽃잎만 보면서
어깨 위를 떠날 줄 모르는 꾀꼬리 소리만 들으면서
사람들 사이에서 오직 너만이 보이면서
치맛자락에 맴도는 싱그런 바람 소리만 들리면서

종일 아무것도 보지 못하고
마을을 덮은 들꽃들도 보지 못하고
자맥질하는 오리 떼도 보지 못하고
멀리 산절의 종소리도 듣지 못하고

초여름 별밤이 네 하얀 손으로만 가득해
네 해맑은 숨결 네 웃음만으로 가득해
걷고 또 걸으면서 아무것도 보지 못하고
서쪽 하늘을 물들인 저녁놀도 보지 못하고

그해 초여름, 내 그해 초여름

자선 대표작 11편

파장(罷場)

못난 놈들은 서로 얼굴만 봐도 흥겹다
이발소 앞에 서서 참외를 깎고
목로에 앉아 막걸리를 들이켜면
모두들 한결같이 친구 같은 얼굴들
호남의 가뭄 얘기 조합 빚 얘기
약장수 기타 소리에 발장단을 치다 보면
왜 이렇게 자꾸만 서울이 그리워지나
어디를 들어가 섰다라도 벌일까
주머니를 털어 색시집에라도 갈까
학교 마당에들 모여 소주에 오징어를 찢다
어느새 긴 여름해도 저물어
고무신 한 켤레 또는 조기 한 마리 들고
달이 환한 마찻길을 절뚝이는 파장

눈길

아편을 사러 밤길을 걷는다
진눈깨비 치는 백 리 산길
낮이면 주막 뒷방에 숨어 잠을 자다
지치면 아낙을 불러 육백을 친다
억울하고 어리석게 죽은
빛바랜 주인의 사진 아래서
음탕한 농지거리로 아낙을 웃기면
바람은 뒷산 나뭇가지에 와 엉겨
굶어 죽은 소년들의 원귀처럼 우는데
이제 남은 것은 힘없는 두 주먹뿐
수제비국 한 사발로 배를 채울 때
아낙은 신세타령을 늘어놓고
우리는 미친놈처럼 자꾸 웃음이 나온다

목계장터*

하늘은 날더러 구름이 되라 하고
땅은 날더러 바람이 되라 하네
청룡 흑룡 흩어져 비 개인 나루
잡초나 일깨우는 잔바람이 되라네
뱃길이라 서울 사흘 목계나루에
아흐레나흘 찾아 박가분** 파는
가을볕도 서러운 방물장수 되라네
산은 날더러 들꽃이 되라 하고
강은 날더러 잔돌이 되라 하네
산서리 맵차거든 풀 속에 얼굴 묻고
물여울 모질거든 바위 뒤에 붙으라네
민물새우 끓어넘는 토방 툇마루
석삼년***에 한 이레쯤 천치로 변해
짐 부리고 앉아 쉬는 떠돌이가 되라네
하늘은 날더러 바람이 되라 하고
산은 날더러 잔돌이 되라 하네

* 목계장터: 남한강변 특수한 강장이 서는 나루.
** 박가분: 분의 일종. 상표 이름.
*** 석삼년: 석도 3의 뜻. 중복으로 더 오랜 세월을 뜻함.

가난한 사랑 노래
—이웃의 한 젊은이를 위하여

가난하다고 해서 외로움을 모르겠는가
너와 헤어져 돌아오는
눈 쌓인 골목길에 새파랗게 달빛이 쏟아지는데.
가난하다고 해서 두려움이 없겠는가
두 점을 치는 소리
방범대원의 호각 소리 메밀묵 사려 소리에
눈을 뜨면 멀리 육중한 기계 굴러가는 소리.
가난하다고 해서 그리움을 버렸겠는가
어머님 보고 싶소 수없이 뇌어 보지만
집 뒤 감나무에 까치밥으로 하나 남았을
새빨간 감, 바람 소리도 그려 보지만.
가난하다고 해서 사랑을 모르겠는가
내 볼에 와 닿던 네 입술의 뜨거움
사랑한다고 사랑한다고 속삭이던 네 숨결
돌아서는 내 등 뒤에 터지던 네 울음.
가난하다고 해서 왜 모르겠는가
가난하기 때문에 이것들을
이 모든 것들을 버려야 한다는 것을.

여름날
―마천에서

버스에 앉아 조는 사이
소나기 한줄기 지났나 보다
차가 갑자기 분 물이 무서워
머뭇거리는 동구 앞
허연 허벅지를 내놓은 젊은 아낙
철벙대며 물을 건너고
산뜻하게 머리를 감은 버드나무가
비릿한 살냄새를 풍기고 있다

길

사람들은 자기들이 길을 만든 줄 알지만
길은 순순히 사람들의 뜻을 좇지는 않는다
사람을 끌고 가다가 문득
벼랑 앞에 세워 낭패시키는가 하면
큰물에 우정 제 허리를 동강 내어
사람이 부득이 저를 버리게 만들기도 한다
사람들은 이것이 다 사람이 만든 길이
거꾸로 사람들한테 세상 사는
슬기를 가르치는 거라고 말한다
길이 사람을 밖으로 불러내어
온갖 곳 온갖 사람살이를 구경시키는 것도
세상 사는 이치를 가르치기 위해서라고 말한다
그래서 길의 뜻이 거기 있는 줄로만 알지
길이 사람을 밖에서 안으로 끌고 들어가
스스로를 깊이 들여다보게 한다는 것은 모른다
길이 밖으로가 아니라 안으로 나 있다는 것을
아는 사람에게만 길은 고분고분해서
꽃으로 제 몸을 수놓아 향기를 더하기도 하고
그늘을 드리워 사람들이 땀을 식히게도 한다
그것을 알고 나서야 사람들은 비로소
자기들이 길을 만들었다고 말하지 않는다

묵뫼*

여든까지 살다 죽은 팔자 험한 요령잡이가 묻혀 있다
북도가 고향인 어린 인민군 간호군관이 누워 있고
다리 하나를 잃은 소년병이 누워 있다
등 너머 장터에 물거리**를 대던 나무꾼이 묻혀 있고 그의
말 더듬던 처를 꾀어 새벽차를 탄 등짐장수가 묻혀 있다
청년단장이 묻혀 있고 그 손에 죽은 말강구***가 묻혀 있다

생전에는 보지도 알지도 못했던 이들도 있다
부드득 이를 갈던 철천지원수였던 이들도 있다
지금은 서로 하얀 이마를 맞댄 채 누워
묵뫼 위에 쑥부쟁이 비비추 수리취 말나리를 키우지만
철 따라 꽃도 피우고 열매도 맺으면서
뜸부기 찌르레기 박새 후투새를 불러 모으고
함께 숲을 만들고 산을 만들고

세상을 만들면서 서로 하얀 이마를 맞댄 채 누워

* 묵뫼: 오래 묵은 무덤으로 돌보는 이가 없음.
** 물거리: 낙엽을 땔감으로 쓸 때 부르는 이름.
*** 말강구: 장마당에서 말이나 되로 곡식을 되어주는 역할을 하면서
    장마당을 관리하는 사람, 말감고(監考)가 속화된 말.

어머니와 할머니의 실루엣

어려서 나는 램프불 밑에서 자랐다,
밤중에 눈을 뜨고 내가 보는 것은
재봉틀을 돌리는 젊은 어머니와
실을 감는 주름진 할머니뿐이었다.
나는 그것이 세상의 전부라고 믿었다.
조금 자라서는 칸델라불 밑에서 놀았다,
밤은 칠흑 같은 어둠
지익지익 소리로 새파란 불꽃을 뿜는 불은
주정하는 험상궂은 금점꾼들과
셈이 늦는다고 몰려와 생떼를 쓰는 그
아내들의 모습만 돋움새겼다.
소년 시절은 전등불 밑에서 보냈다,
가설극장의 화려한 간판과
가겟방의 휘황한 불빛을 보면서
나는 세상이 넓다고 알았다, 그리고

나는 대처로 나왔다.
이곳저곳 떠도는 즐거움도 알았다,
바다를 건너 먼 세상으로 날아도 갔다,
많은 것을 보고 많은 것을 들었다.
하지만 멀리 다닐수록, 많이 보고 들을수록

이상하게도 내 시야는 차츰 좁아져
내 망막에는 마침내
재봉틀을 돌리는 젊은 어머니와
실을 감는 주름진 할머니의
실루엣만 남았다.

내게는 다시 이것이
세상의 전부가 되었다.

떠도는 자의 노래

외진 별정우체국에 무엇인가를 놓고 온 것 같다
어느 삭막한 간이역에 누군가를 버리고 온 것 같다
그래서 나는 문득 일어나 기차를 타고 가서는
눈이 펑펑 쏟아지는 좁은 골목을 서성이고
쓰레기들이 지저분하게 널린 저잣거리도 기웃댄다
놓고 온 것을 찾겠다고

아니, 이미 이 세상에 오기 전 저 세상 끝에
무엇인가를 나는 놓고 왔는지도 모른다
쓸쓸한 나룻가에 누군가를 버리고 왔는지도 모른다
저 세상에 가서도 다시 이 세상에
버리고 간 것을 찾겠다고 헤매고 다닐는지도 모른다

특급열차를 타고 가다가

이렇게 서둘러 달려갈 일이 무언가
환한 봄 햇살 꽃그늘 속의 설렘도 보지 못하고
날아가듯 달려가 내가 할 일이 무언가
예순에 더 몇 해를 보아온 풍경과 말들
종착역에서도 그것들이 기다리겠지

들판이 내려다보이는 산역에서 차를 버리자
그리고 걷자 발이 부르틀 때까지
복사꽃 숲 나오면 들어가 낮잠도 자고
소매 잡는 이 있으면 하룻밤쯤 술로 지새면서

이르지 못한들 어떠랴 이르고자 한 곳에
풀씨들 날아가다 떨어져 몸을 묻은
산은 파랗고 강물은 저리 반짝이는데

낙타

낙타를 타고 가리라, 저승길은
별과 달과 해와
모래밖에 본 일이 없는 낙타를 타고.
세상사 물으면 짐짓, 아무것도 못 본 체
손 저어 대답하면서,
슬픔도 아픔도 까맣게 잊었다는 듯.
누군가 있어 다시 세상에 나가란다면
낙타가 되어 가겠다 대답하리라.
별과 달과 해와
모래만 보고 살다가,
돌아올 때는 세상에서 가장
어리석은 사람 하나 등에 업고 오겠노라고.
무슨 재미로 세상을 살았는지도 모르는
가장 가엾은 사람 하나 골라
길동무 되어서.

등단작

갈대

언제부턴가 갈대는 속으로
조용히 울고 있었다.
그런 어느 밤이었을 것이다. 갈대는
그의 온몸이 흔들리고 있는 것을 알았다.

바람도 달빛도 아닌 것.
갈대는 저를 흔드는 것이 제 조용한 울음인 것을
까맣게 몰랐다.
―산다는 것은 속으로 이렇게
조용히 울고 있는 것이란 것을
그는 몰랐다.

— 월간 《문학예술》 1955년

자술연보

- 충북 충주에서 나다.

- 동국대.

- 1955년 월간 《문학예술》에 시 〈갈대〉〈낮달〉 등이 이한직 시인을 통해 추천되면서 문단에 나오다.

- 오랫동안 시골서 방황하다가 1960년대 말 상경하여 〈한국일보〉에 〈겨울밤〉을 발표하고 이어 1970년대 초 《창작과비평》에 〈농무〉〈파장〉 등이 발표되면서 작품활동을 시작하다

- 1974년 첫 시집 《농무》를 창비시선 첫 권으로 냄. 이후 《새재》《가난한 사랑 노래》《뿔》《길》《어머니와 할머니의 실루엣》《떠도는 자의 노래》《낙타》《여름날》《사진관집 이층》 등 15권의 시집과 《신경림 시전집》(전 2권)을 냄.

- 1975년 시집 《농무》로 제1회 만해문학상을 받음, 이후 한국문학작가상, 이산문학상, 단재문학상, 심훈문학상, 대산문학상, 호암상(예술 부문), 만해대상, 시카다상(스웨덴) 등 수상.

- 1980~90년대 한국민족문학작가회의(뒤에 한국작가회의), 민족예술인연합 회장, 이사장 등으로 문단 활동을 하다.

• 대한민국예술원 회원이 되다.

• 동국대 석좌교수로 강단에 서다.

신경림론

우리 시의 높은 경지를 보여주다

이경철

보편적 정서에 바탕한 공감 큰 서정적 민중시

독자나 시인, 문학평론가들에게 "지금 한국을 대표하는 시인이 누구냐"고 물으면 스스럼없이 "신경림 시인"이라는 답이 나오곤 한다. 문예지와 대중 매체의 설문조사에서도 신경림 시인은 항상 우리나라를 대표하는 현역 시인의 선두를 달리고 있다. 그만큼 신 시인의 시에는 우리의 시대적, 현실적 이야기와 함께 반만년 핏줄을 타고 내려온 민족의 삶과 정서, 그리고 가락이 어우러져 있다.

신 시인의 시에는 서구에서 유입된 현대 시작법(詩作法) 흔적이 없다. 머리에서 나온 이념이나 지성 등을 드러내기 위한 리얼리즘, 모더니즘 기법은 눈에 띄지 않는다. 대신 우리네 판소리의 창과 아니리 같은 이야기와 대화와 독백이 들어 있다.

해서 독자들의 머릿속이 아니라 가슴속을 그대로 적셔온다.
 무엇보다 신 시인의 시는 쉽다. 독자들과 눈앞에서 이야기를 나누듯 쉽게 쉽게 풀어간다. 그러면서도 시의 기본인 연과 행 나눔을 꼬박꼬박 하고 있다. 시 본디의 형태와 가락과 정서에 충실하며 쉽고 널리 공감대를 형성하고 있어 신 시인의 시는 '서정적 민중시'가 되는 것이다. 아니 진짜 우리 시, 한국시로 우뚝 선 것이다. 그런 신 시인의 삶과 시 세계를 시인이 직접 고른 대표작과 신작 위주로 살펴보겠다.

> 언제부턴가 갈대는 속으로/ 조용히 울고 있었다./ 그런 어느 밤이었을 것이다. 갈대는/ 그의 온몸이 흔들리고 있는 것을 알았다.// 바람도 달빛도 아닌 것./ 갈대는 저를 흔드는 것이 제 조용한 울음인 것을/ 까맣게 몰랐다./ ─산다는 것은 속으로 이렇게/ 조용히 울고 있는 것이란 것을/ 그는 몰랐다.
> ─〈갈대〉 전문

〈갈대〉는 1955년 《문학예술》에 추천, 발표된 등단작이다. 1936년 충북 충주에서 태어난 시인은 동국대 영문과 재학 중에 위 〈갈대〉 등이 문학평론가 이한직에 의해 추천돼 문단에 데뷔했다.
 이 시는 달밤에 바람에 흔들리고 있는 갈대를 보고, 그 갈대에 동화돼가며 쓴 시다. 갈대를 온몸 흔들며 울게 하는 것은 눈에 보이는 대로의 바람도, 달빛도 아니라 갈대 제 속의 울음 자체임을 깨닫고 있는 시다.
 삶도 그렇게 부대끼며 속으로 우는 것이란 것을 알고 있으면서도 "까맣게 몰랐다"며 부정하고 있는 시다. '울음'이며 '몰랐다'가 반복되고 있어 리얼리즘 계열의 시인이나 평자들로부터는 '감상적 서정'이란 평을 들은 시이기도 하다. 그러나 나는 완전무결한 확신이나 이념보다는 이렇게 유한한 우리네 인간적인 감상적 서정에 신 시인의 시편들은 바탕하고 있어 더 폭넓은 독자를 파고들며 더 오래 읽히고 있다고 생각한다.

등단 후 시인은 1950년대 시단의 대세인 6·25 동족상잔, 전후(戰後)의 폐허에서 우러나는 허무와 퇴폐, 그리고 원고지 앞의 관념뿐인 실존이나 난해 시에 염증을 느껴 이듬해 낙향했다. 10여 년간 야학교사도 해보고 농사도 짓고 공사판, 광산촌 등을 떠돌며 현장의 삶과 정서를 살아내다, 1960년대 후반 다시 서울로 와 작품을 발표하기 시작했다.

민중적 삶과 정서를 몸소 살아낸 시인은 1973년 첫 시집 《농무》를 펴내며 한국 시단에 서정적 민중시 시대를 열어젖혔다. 이후 《새재》 《가난한 사랑 노래》 《뿔》 《길》 《어머니와 할머니의 실루엣》 《떠도는 자의 노래》 《낙타》 《여름날》 《사진관 집 이층》 등 15권의 신작 시집을 펴냈다.

또 문단과 사회의 자유실천운동, 민주화운동 등의 저력으로서 이 나라 민주화를 표 나지 않게 이끌며 당대적 현실 속에 살아 숨 쉬는 시편들을 발표해 한국 현역 시인을 대표하는 시인이 된 것이다. 그렇게 재야의 저력이고 이 나라를 대표하는 시인이면서도 시인은 항상 가난한 민중 속에서 누구보다 낮게 살아오고 있다.

못난 놈들은 서로 얼굴만 봐도 흥겹다/ 이발소 앞에 서서 참외를 깎고/ 목로에 앉아 막걸리를 들이켜면/ 모두들 한결같이 친구 같은 얼굴들/ 호남의 가뭄 얘기 조합 빚 얘기/ 약장수 기타 소리에 발장단을 치다 보면/ 왜 이렇게 자꾸만 서울이 그리워지나/ 어디를 들어가 섰다라도 벌일까/ 주머니를 털어 색싯집에라도 갈까/ 학교 마당에들 모여 소주에 오징어를 찢다/ 어느새 긴 여름 해도 저물어/ 고무신 한 켤레 또는 조기 한 마리 들고/ 달이 환한 마찻길을 절뚝이는 파장
— 〈파장(罷場)〉 전문

장이 서는 날의 풍경과 심사를 그대로 읊고 있는 시다. 화자(話者)는 분명 시인 개인일 텐데도 "못난 놈들" "모두들 한결같이"에서 볼 수 있듯 소외된 민중들의 눈과 마음에 한결같이 잡힌 집단적 정서를 드러내고 있다. 거기에 "호남의 가뭄 얘기 조합 빚 얘기"에서처럼 당대 농촌의 현실적 이야기도 겹치고 있다.

그런 리얼리즘 계열의 시이면서도 〈파장〉에서는 우리 민족의 정서가 고스란히 배어있다. "목로에 앉아 막걸리를 들이켜"고, "약장수 기타 소리에 발장단을 치"고, "마당에들 모여 소주에 오징어를 찢"는 풍경과 "자꾸만 서울이 그리워지나" "주머니를 털어 색싯집에라도 갈까"라는 심사가 우리 민족, 민중들의 삶과 속내 아닐 것인가.

특히 마지막 두 행 "고무신 한 켤레 또는 조기 한 마리 들고/ 달이 환한 마찻길을 절뚝이는 파장"이라는 묘사적 이미지는 종결 미학의 압권이다. 서러워도 서러울 것 없는, 환장하게 아름다운 우리네 심사를 '절뚝이는'의 묘사로 그대로 보여주고

있지 않은가.

산중에 묻혀 사는 민족의 토착적 정서를 짙은 질감의 화폭에서 두런두런 들려오게 한 박수근 화백의 좋은 그림 한 점 보는 듯한 시가 〈파장〉이다. 시인은 이렇게 좋은 구도와 친숙하고 맛깔나는 우리 언어와 가락에 바탕한 서정에 당대 현실을 담는 시로 서정적 민중시 세계를 열어젖혔다.

끝내 저버릴 수 없는 세상 향한 염려와 사랑

하늘은 날더러 구름이 되라 하고/ 땅은 날더러 바람이 되라 하네/ 청룡 흑룡 흩어져 비 개인 나루/ 잡초나 일깨우는 잔바람이 되라네/ 뱃길이라 서울 사흘 목계나루에/ 아흐레 나흘 찾아 박가분 파는/ 가을볕도 서러운 방물장수 되라네/ 산은 날더러 들꽃이 되라 하고/ 강은 날더러 잔돌이 되라 하네/ 산서리 맵차거든 풀 속에 얼굴 묻고/ 물여울 모질거든 바위 뒤에 붙으라네/ 민물 새우 끓어 넘는 토방 툇마루/ 석삼년에 한 이레쯤 천치로 변해/ 짐 부리고 앉아 쉬는 떠돌이가 되라네/ 하늘은 날더러 바람이 되라 하고/ 산은 날더러 잔돌이 되라 하네

— 〈목계장터〉 전문

시인이 나고 자란 남한강변 목계에 시비(詩碑)로 서 있는 시다. 오늘도 많은 여행자들이 찾아와 이 시를 읽고 자연 풍물 속에서 강물처럼 흘러가는, 바람처럼 떠도는 우리네 인생사를

떠올리게 하는 시다. 장돌뱅이도 재벌도, 무지렁이도 대학교수도 똑같은 감동으로 읽으며.

〈목계장터〉에는 우선 반만년 우리네 핏줄을 흘러내린 가락이 맥박처럼 뛰고 있다. 둘, 셋, 넷으로 우리말의 가장 흔한 음절들이 친숙하게 음보를 이루어 한 행 네 음보씩으로 읊조리게 한다.

또 '―하고' '―하네'를 반복하며 시를 자연스레 노래가 되게 하고 있다. 수십 년간 녹음기 메고 전국 방방곡곡을 돌며 민요 기행을 하면서 찾고 익혀온 우리 민중의 가락이 시인의 시에 자연스레 스며든 것이다.

〈목계장터〉에는 또 하늘과 땅, 산과 강, 구름과 바람과 비, 들꽃과 잔돌이 하나로 어우러져 있다. 문면(文面)으로 보자면 이것들이 시인에게 무엇이 '되라 하네'라고 명령하고 있는 듯하지만 기실 시인은 이것들과 한 몸이다. 나는 하늘이 되고 하늘은 구름이 되고 구름은 비가 되고 비는 강이 되고 강은 들꽃이 되고 들꽃은 바람이 되고 바람은 잔돌이 되고 잔돌은 다시 내가 되는, 그 순서를 아무렇게나 바꿔도 좋은 우주 삼라만상의 유전(流轉) 양상이 아주 자연스레 드러나 있다.

이 우주적 유전 양상은 마을, 집마다 돌며 장사를 하는 '방물장수', '떠돌이'의 인생 유전의 인간사로 좁혀 들어온다. 이같이 끝없이 전화(轉化)하면서도 끝끝내 저버릴 수 없는 인간사에 대한 염려가 신 시인을 인간 세상을 훌쩍 뛰어넘어 신선같이 노닌 이백 같은 '시선(詩仙)'이 아니라 시국과 나라, 인간을 염려하는 두보 같은 '시성(詩聖)'의 반열에 올려놓고 있다.

그러면서도 "민물 새우 끓어 넘는 토방 툇마루"도 찾는 "가을볕도 서러운 방물장수 되라네"라며 고달픈 인생사 중에도 풍류와 서정을 잃지 않고 있는 시가〈목계장터〉이다.

    가난하다고 해서 외로움을 모르겠는가/ 너와 헤어져 돌아오는/ 눈 쌓인 골목길에 새파랗게 달빛이 쏟아지는데./ 가난하다고 해서 두려움이 없겠는가/ 두 점을 치는 소리/ 방범대원의 호각 소리 메밀묵 사려 소리에/ 눈을 뜨면 멀리 육중한 기계 굴러가는 소리./ 가난하다고 해서 그리움을 버렸겠는가/ 어머님 보고 싶소 수없이 뇌어 보지만/ 집 뒤 감나무에 까치밥으로 하나 남았을/ 새빨간 감, 바람 소리도 그려 보지만./ 가난하다고 해서 사랑을 모르겠는가/ 내 볼에 와 닿던 네 입술의 뜨거움/ 사랑한다고 사랑한다고 속삭이던 네 숨결/ 돌아서는 내 등 뒤에 터지던 네 울음./ 가난하다고 해서 왜 모르겠는가/ 가난하기 때문에 이것들을/ 이 모든 것들을 버려야 한다는 것을.
    ─〈가난한 사랑 노래─이웃의 한 젊은이를 위하여〉전문

    부제에 드러나듯 이웃의 한 젊은이를 위해 쓴 시다. 시인도 역시 그 가난한 동네에 함께 사는 이웃으로서 시인 자신의 가난한 사랑 그대로를 써서 가난한 이웃들과 그대로 소통하고 있는 시다.
    "내 볼에 와 닿던 네 입술의 뜨거움/ 사랑한다고 사랑한다고 속삭이던 네 숨결/ 돌아서는 내 등 뒤에 터지던 네 울음"에 잘 드러나듯 인간 보편적 사랑을 생생한 감각으로 그대로 전하고 있어 소통력이 크다.

그런 '사랑'과 함께 '외로움' '그리움' 등 낭만적, 서정적 덕목들을 전하고 있다. 가난하더라도 그런 덕목들을 접을 수는 없다고. 그러면서도 그런 인간 보편적인 덕목을 버릴 수밖에 없게 하는 엄혹한 독재와 가난의 시대상이 "방범대원의 호각 소리" "육중한 기계 돌아가는 소리"에 들려오고 있다.

그런 엄혹한 시대와 가난 때문에 '사랑'과 '그리움' 등의 서정적 자질은 더 간절하고 강한 욕구로 독자들에게 다가서고 있다. 이렇듯 시인은 독재의 현실에 맞서고 그런 세계의 부당함을 전하면서도 시적인, 서정적인 자질을 시에서 놓지 않는다.

버스에 앉아 잠시 조는 사이/ 소나기 한줄기 지났나보다/ 차가 갑자기 분 물이 무서워/ 머뭇거리는 동구 앞/ 허연 허벅지를 내놓은 젊은 아낙/ 철벙대며 물을 건너고/ 산뜻하게 머리를 감은 버드나무가/ 비릿한 살냄새를 풍기고 있다
—〈여름날-마천에서〉전문

여름날 지리산 한 마을을 지나다 버스 안에서 바라본 정경을 쓴 시다. 소나기 한줄기 지난 후의 마을 정경이 산뜻하게 그려지고 있다. 그 정경 속에서 시인과 버스와 젊은 아낙과 버드나무가 함께 어우러지고 있다.

"비릿한 살냄새"로 생생하게 하나로 살아 어우러지고 있다. 세상사 모두 잊어버리고 잠시 졸 듯 묘사한 동구 앞 정경은 만물이 혼연일체가 된 서정의 참모습을 자연스레 드러낸다.

신 시인의 서정은 이 시에서처럼 "비릿한 살냄새를 풍기고" 있는 게 특장이다. 에로틱하면서도 인간사는 세상의 정을 실

감으로, 감각적으로 드러내고 있지 않은가.

 알겠구나, 산수도/ 사람의 때 묻어 비로소 아름다워지는/ 이치를/ 땀과 눈물로 얼룩진 얘기 있어/ 깊고 그윽해지는 까닭을

       —〈산수도 사람 때 묻어〉중에서

 일제 치하와 전쟁과 독재로 이어진 우리 근현대사에서 '서정시' '순수시' 하면 음풍농월(吟風弄月)로 비판받기 예사였다. 시대와 인간사와는 무관하게 바람이나 읊고 달이나 희롱하는 시로 오해받아왔고 그런 서정시, 순수시도 적지 않게 쓰여 오고 있다.
 그러나 신 시인의 서정에는 '사람의 때'가 묻어 있다. '땀과 눈물로 얼룩진 얘기'가 들어 있다. 그래서 시인의 시는 '서정적 민중시'로 불리게 된 것이다.

 여든까지 살다 죽은 팔자 험한 요령잡이가 묻혀 있다/ 북도가 고향인 어린 인민군 간호군관이 누워 있고/ 다리 하나를 잃은 소년병이 누워 있다/ 등 너머 장터에 물거리를 대던 나무꾼이 묻혀 있고 그의/ 말 더듬던 처를 꼬여 새벽차를 탄 등짐장수가 묻혀 있다/ 청년단장이 묻혀 있고 그 손에 죽은 말강구가 묻혀 있다// 생전에는 보지도 알지도 못했던 이들도 있다/ 부드득 이를 갈던 철천지원수였던 이들도 있다/ 지금은 서로 하얀 이마를 맞댄 채 누워/ 묵뫼 위에 쑥부쟁이 비비추 수리취 말나리를 키우지만/ 철 따라 꽃도 피우고 열매

도 맺으면서/ 뜸부기 찌르레기 박새 후투새를 불러 모으고/ 함께 숲을 만들고 산을 만들고// 세상을 만들면서 서로 하얀 이마를 맞댄 채 누워

—〈묵뫼〉전문

제목처럼 돌보는 이 없어 오래 묵은 무덤을 바라보며 쓴 시다. 무덤에 묻힌 자들이 쭉 나열되고 있다. 망자를 무덤까지 인도하던 '요령잡이'가 묻혀 있고 '인민군 간호군관'과 '소년병'이 묻혀 있다. '나무꾼'이 묻혀 있고 그 나무꾼 처를 꼬여낸 '등짐장수'도 묻혀 있다. '청년단장'과 그 손에 죽은 '말강구'가 묻혀 있다.

"부드득 이를 갈던 철천지원수"들이 죽어 "지금은 하얀 이마를 맞댄 채 누워"있다. 그런 묵뫼에 "쑥부쟁이 비비추 수리취 말나리"등 야생화들이 모여들어 자라고 있다. "뜸부기 찌르레기 박새 후투새"등도 날아와 놀며 묵뫼는 함께 숲이 돼가고 산이 돼가며 한세상을 새로 만들고 있다는 시다.

그런 나열법과 '묵뫼' '물거리' '말강구' 등 아름다운 우리 토속어 사용으로 인해 신 시인이 좋아하고 대중에게도 널리 알린 시인 백석의 시 〈모닥불〉과 비견해보고 싶은 시가 〈묵뫼〉이기도 하다.

새끼 오리도 헌 신짝도 소똥도 갓신창도 개니빠디도 너울쪽도 짚검불도 가랑잎도 머리카락도 헝겊조각도 막대꼬치도 기왓장도 닭의 짗도 개터럭도 타는 모닥불// 재당도 초시도 문장(門長) 늙은이도 더부살이 아이도 새 사위도 갓사둔도

나그네도 주인도 할아버지도 손자도 붓장사도 땜쟁이도 큰 개도 강아지도 모두 모닥불을 쪼인다// 모닥불은 어려서 우리 할아버지가 어미 아비 없는 서러운 아이로 불쌍하니도 몽둥발이가 된 슬픈 역사가 있다

— 백석 〈모닥불〉 전문

쭉 나열하며 산문시로 나가고 있는 시이다. 북방 토속어에다 옛날식 표기여서 뭔지 잘 모르는 대목이 있더라도 그저 우리네 심성에 척척 달라붙는 이런 말과 말본새, 정서가 곧 우리 민족의 마음 씀씀이였거늘. 지푸라기, 가랑잎, 나무막대는 물론 머리카락, 개털, 헌신짝도 모두 모두 분간 없이 타오르는 모닥불.

그런 모닥불을 사람과 짐승 분간 없이, 높낮이 없이 둥글게 어우러져 따스하게 쬐는 정겨운 마당. 그런 정경이 우리네 본디 마음이고 대동세상의 삶 아니겠는가. 살아생전 철천지원수였더라도 죽어 그런 대동세상을 만들고 있는 시가 또 〈묵뫼〉 아니겠는가.

길 위의 체험을 시화(詩化)한 인생과 세상의 섭리

어려서 나는 램프불 밑에서 자랐다,/ 밤중에 눈을 뜨고 내가 보는 것은/ 재봉틀을 돌리는 젊은 어머니와/ 실을 감는 주름진 할머니뿐이었다./ 나는 그것이 세상의 전부라고 믿었다./ 조금 자라서는 칸델라불 밑에서 놀았다,/ 밤은 칠흑 같

은 어둠/ 지익지익 소리로 새파란 불꽃을 뿜는 불은/ 주정하는 험상궂은 금점꾼들과/ 셈이 늦다고 몰려와 생떼를 쓰는 그/ 아내들의 모습만 돋움새겼다./ 소년 시절은 전등불 밑에서 보냈다,/ 가설극장의 화려한 간판과/ 가겟방의 휘황한 불빛을 보면서/ 나는 세상이 넓다고 알았다, 그리고// 나는 대처로 나왔다./이곳저곳 떠도는 즐거움도 알았다,/ 바다를 건너 먼 세상으로 날아도 갔다,/ 많은 것을 보고 많은 것을 들었다./ 하지만 멀리 다닐수록, 많이 보고 들을수록/ 이상하게도 내 시야는 차츰 좁아져/ 내 망막에는 마침내/ 재봉틀을 돌리는 젊은 어머니와/ 실을 감는 주름진 할머니의/ 실루엣만 남았다.// 내게는 다시 이것이/ 세상의 전부가 되었다.

— 〈어머니와 할머니의 실루엣〉 전문

자신의 한 생을 담담하게 풀어놓고 있는 시다. '그리고' 등 접속어를 쓰며 이야기가 끊이지 않고 순조롭게 이어지게 하면서도 한 생을 '불빛'으로 압축, 요약하고 있는 시다.

어려서는 '램프불' 밑에서 재봉틀 돌리는 어머니와 실을 감는 할머니만 보고 자랐다. 그것이 세상의 전부인 줄 알고. 조금 자라서는 '칸델라불' 밑에서 주정하는 금점꾼들과 생떼를 쓰는 그 아내들을 보며 자랐다. 금광업에 종사하는 집안에서 세상의 험한 물정도 어렴풋이 알았다는 것일 게다.

사춘기 소년 시절엔 '전등불' 밑에서 자라며 세상은 휘황찬란 넓다는 것을 알았다. 그래서 커서는 대처로 나와 해외까지 다니며 떠도는 즐거움을 알았다. 그렇지만 멀리 나갈수록, 더 많이 보고 들을수록 유년 시절의 할머니와 어머니의 기억만 더 뚜렷해지고 새로워지며 다시 세상의 전부가 되었다는 이야기 시다.

시인 개인의 한 생의 이야기이면서도 우리 모두에 해당하는 보편적인 이야기다. 하나에서 나와 끝없이 분화해 가다 결국엔 하나로 돌아오는 우주 순환의 섭리를 이야기하고 있어 절절하게 들리는 시다.

외진 별정우체국에 무엇인가를 놓고 온 것 같다/ 어느 삭막한 간이역에 누군가를 버리고 온 것 같다/ 그래서 나는 문득 일어나 기차를 타고 가서는/ 눈이 펑펑 쏟아지는 좁은 골목을 서성이고/ 쓰레기들이 지저분하게 널린 저잣거리도 기웃댄다/ 놓고 온 것을 찾겠다고// 아니, 이미 이 세상에 오기 전 저 세상 끝에/ 무엇인가를 나는 놓고 왔는지도 모른다/ 쓸쓸한 나룻가에 누군가를 버리고 왔는지도 모른다/ 저 세상에 가서도 다시 이 세상에/ 버리고 간 것을 찾겠다고 헤매고 다닐는지도 모른다

― 〈떠도는 자의 노래〉 전문

앞서 살펴본 〈어머니와 할머니의 실루엣〉에서도 밝혔고 이 시에도 드러나듯 시인은 늘 떠나면서 살았다. 떠나면서도 두고 온 것이 없는가 하고 늘 다시 돌아가면서 살고 있다.

늘 떠나면서 살았다,/ 집을 떠나고 마을을 떠나면서./ 늘 잊으면서 살았다,/(중략)// 어느 때부턴가는/ 그리워하면서 살았다,/ 떠난 것을 그리워하고 잊은 것을 그리워하면서./ 마

침내 되찾아 나서면서 살았다,

— 〈나의 신발이〉 부분

　신경림 시인은 늘 신발 위에서 살고 그리워하고 시를 썼다. 그 신발들 위에 50킬로도 채 안 되는 왜소한 체구를 싣고 많이도 돌아다녔다. 전국 방방곡곡에 스며든 가락과 풍류와 한, 그리고 현장의 삶을 찾아 떠났다. 네팔과 몽골과 베트남, 이집트와 요르단, 그리고 남미의 콜롬비아 등 아직 산업화가 덜 된 후미진 나라들도 찾아다녔다.

　나도 그런 시인을 따라 길을 나선 적이 꽤 있다. 시인의 고향인 충주와 중원, 남한강변 일원을 돌며 이 땅의 민중의 가락과 한이 어떻게 시화(詩化)되는가를 알아본 적이 있다. 우리와 지구 반대쪽인 저 콜롬비아까지 둘이서만 날아가 세계의 시인들과 어울리며 좀 더 나은 세상을 위해 시는 무엇을 할 수 있고 시인은 어떠해야 하는가를 직접 본 적이 있다.

　시인은 새로운 것을 알기 위해 새로운 세상으로 떠나는 것만은 아니다. 원래 지니고 있다 잊어버리고 잃어버린 것은 무엇인가를 되찾기 위해 떠나는 것이기도 하다. 시인의 현재는 당대뿐 아니라 과거와 미래가 중첩된 현재진행형이다.

　"쓸쓸한 나룻가에 누군가를 버리고 왔는지도 모른다"는 지금 현재의 그리움으로 전생과 후생을 함께 살아가고 있는 시인이다. 그래서 "쓰레기들이 지저분하게 널린 저잣거리"라는 시인의 현실 의식과 민중적 풍경도 그런 그리움의 시공적 두께를 지니게 되는 것이다.

낙타를 타고 가리라, 저승길은／ 별과 달과 해와／ 모래밖에 본 일이 없는 낙타를 타고．／ 세상사 물으면 짐짓, 아무것도 못 본 체／ 손 저어 대답하면서,／ 슬픔도 아픔도 까맣게 잊었다는 듯．／ 누군가 있어 다시 세상에 나가란다면／ 낙타가 되어 가겠다 대답하리라．／ 별과 달과 해와／ 모래만 보고 살다가,／ 돌아올 때는 세상에서 가장／ 어리석은 사람 하나 등에 업고 오겠노라고．／ 무슨 재미로 세상을 살았는지도 모르는／ 가장 가엾은 사람 하나 골라／ 길동무 되어서．

― 〈낙타〉 전문

낙타를 타고 후생에 갔다가 다시 현생으로 오라 한다면 낙타가 되어 돌아오겠다는 시다. 왜? 낙타는 세상사는 아무것도 모르고 별과 달과 해와 모래가 이 세상의 전부로 아니까.

이렇게 읽으면 〈낙타〉는 〈어머니와 할머니의 실루엣〉과 같은 주제의 시가 된다. 다시 원점으로의 회귀, 가장 어리석고 가엾음으로 돌아오는 시다. '산은 산이요 물은 물이다'라는 세계로 돌아오는 시다.

우리는 그 얼마나 '산은 산이 아니고 물은 물이 아니다'라고 우기며 그 얄팍한 지식의 영토를 넓히려 애써왔던가. 이제 그런 깜냥은 그만두고 어리석고 가엾어 보일지라도 순진하고 우직한 삶과 세계를 살겠다는 것이다.

그립고 아름다워서 서러운 신작시 세계

그리운 것이 다 내리는 눈 속에 있다.／ 백양나무 숲이 있고 긴 오솔길이 있다./ 활활 타는 장작난로가 있고 젖은 네 장갑이 있다./ 아름다운 것이 다 쌓이는 눈 속에 있다./ 창이 넓은 카페가 있고 네 목소리가 있다./ 기적 소리가 있고 바람 소리가 있다.// 지상의 모든 상처가 쌓이는 눈 속에 있다./ 풀과 나무가, 새와 짐승이 살아가며 만드는/ 아픈 상처가 눈 속에 있다./ 우리가 주고받은 맹서와 다짐이 눈 속에 있다./ 한숨과 눈물이 상처가 되어 눈 속에 있다.// 그립고 아름답고 슬픈 눈이 온다.

―〈눈이 온다〉 전문

이번에 발표한 신작시이다. 내리는 눈을 바라보면서 그 바깥 풍경과 시인의 내면 풍경을 그대로 읊고 있는 시다.

세 연으로 나눈 이 시에서 시인은 첫 행부터 "그리운 것이 다 내리는 눈 속에 있다"며 '그리움'을 말하고 있다. '백양나무 숲'과 그 사이의 '긴 오솔길', 그리고 '장작난로'와 '네 장갑' 등을 그리움의 풍경으로 제시하고 있다. 다음에는 '아름다움'을 말하고 있다. '창이 넓은 카페'와 '네 목소리' '기적 소리', '바람 소리'를 아름다움의 오브제로 첫 연에서 보여주고 있다.

둘째 연에서는 "지상의 모든 상처가 쌓이는 눈 속에 있다"며 마음속 '상처'에 대해 말하고 있다. 그 상처는 삼라만상 생명 있는 모든 것들이 살아가면서 어쩔 수 없이 만드는 것이다.

이상과 현실의 괴리에서 나오는 그 상처는 어찌해볼 수 없는 본원적인 생명과도 같은 것이다. 해서 한 행으로 된 마지막 연에서 "그립고 아름답고 슬픈 눈이 온다"며 상처의 슬픔을 그리움과 아름다움과 한 족속으로 병치시키게 되는 것이다.

훨훨 새 떼가 날아오른다/ 멀리 오리온자리까지 날고 싶었던/ 내 어린 시절의 꿈들이 날아오른다/ 어두운 구석방에서 쥐어보던 힘없는/ 우리들 젊은 날의 빈 주먹이 날아오른다/ 바른 세상 만들겠다던 고른 세상 만들겠다던/ 우리들 철없던 날의 맹세를 비웃으면서/ 가마우지 떼가 날아오른다 비오리 떼가 날아오른다/ 끼룩끼룩 나를 놀리면서 자꾸만 놀리면서/ 모든 꿈이 저녁 하늘 노을보다도 헛되었다고/ 꼭두각시 춤이었다고 모두가 헛되다고 달래면서/ 훨훨 새 떼가 날아오른다/ 함께 가자고 물병자리까지 함께 가자고/ 이제는 늙고 병들어 더욱 아무것도 할 수 없는/ 허수아비처럼 가벼워진 나를 등에 오르라며/ 함께 가자고 사자자리까지 함께 가자고/ 아직도 버리지 못한 내 미련이 가엾어/ 엉거주춤 땅에서 발을 못 떼는 나를 울면서/ 흰뺨검둥오리가 날아오른다 왜가리가 날아오른다/ 훨훨 새 떼가 날아오른다

—〈훨훨 새 떼가〉 전문

이 신작시의 제목처럼 가마우지며 비오리, 흰뺨검둥오리며 왜가리 등의 새 떼가 날아오르는 것을 보며 그렇게 날지 못하는 자신에 대해 쓴 이 시, 참 가슴 아프다. 슬프다.

저 멀리 별까지 날아오르고팠던 어린 시절의 꿈, 빈 주먹 불끈 쥐고 바르고 고른 세상 만들겠다던 젊은 날의 맹세가 슬프다. 시인은 그런 꿈과 맹세를 '철없고' '헛되다'라고 '비웃고' 있다. 아직도 남은 그런 '미련'을 '가엾다' 하고 있어 슬프다.

신 시인의 시에는 그런 슬픔이 있어 하늘과 땅 분간 없이 황

홀하게 물들이는 저녁노을보다 아름답다. 어찌해 볼 수 없는 꿈과 현실의 괴리에도 가볍게 날아오르지 않고 한사코 현실을 직시하며 바탕에는 그리움과 낭만을 깔고 있기에 신 시인의 시 세계는 그립고 아름다우면서도 슬픈 것이다. 우리네 모든 생이 그렇듯이.

    여권도 항공권도 없는 여행을 떠날 거야/ 사자자리로 큰곰자리로 염소자리로/ 어쩌다 사람 사는 별에 이르기도 하겠지/ 예사롭게 거기 섞여 한 두어 달 묵으면 좋지/ 둥그렇게 동산 위에 떠 있는 내 땅을 쳐다보며/ 조금은 뉘우치고 조금은 부끄러워해도/ 세상 살며 밴 땀과 때 빠져나가진 않겠지// 고집과 심술 많이 풀려 풀잎처럼 순해지면/ 공작자리 전갈자리 두루미자리도 돌아야지/ 친지들한테 줄 선물도 하나씩 마련할 거야/ 작은 별똥별 하나에 꽃잎 하나씩 묻혀서/ 내 서른 마흔 그리고 여든을 오가면서/ 뉘우치면서 부끄러워하면서 다시 뉘우치면서/ 전갈자리 큰곰자리 물뱀자리를 오가면서
                    — 〈비대면 시대의 여행〉 전문

    코로나 팬데믹으로 비행기 길도 막히고 외국 여행도 못 하는 시대에 저 별나라로의 여행을 꿈꾸는 신작시이다. 그렇게 현실과는 다른 별세계로 떠나 이 땅을 바라보며 지나온 삶을 조금은 부끄러워하기도 하고 뉘우치기도 하겠다는 것이다.
    그러면서도 "세상 살며 밴 땀과 때 빠져나가진 않겠지"라며 현실을 중시하고 있는 시다. 신 시인의 현실은 리얼리즘, 현

실주의의 이론적 현실이 아니라 '세상을 살며 밴 땀과 때'의 현실이다. 괴리를 인정치 않은 이념적이고 편협한 '고집과 심술'의 현실이 아니라 우리네 삶 보편에 깔린 민중적 정서의 현실이다.

 머리칼에 나부끼는 장미꽃잎만 보면서/ 어깨 위를 떠날 줄 모르는 꾀꼬리 소리만 들으면서/ 사람들 사이에서 오직 너만이 보이면서/ 치맛자락에 맴도는 싱그런 바람 소리만 들리면서// 종일 아무것도 보지 못하고/ 마을을 덮은 들꽃들도 보지 못하고/ 자맥질하는 오리 떼도 보지 못하고/ 멀리 산절의 종소리도 듣지 못하고// 초여름 별밤이 네 하얀 손으로만 가득해/ 네 해맑은 숨결 네 웃음만으로 가득해/ 걷고 또 걸으면서 아무것도 보지 못하고/ 서쪽 하늘을 물들인 저녁놀도 보지 못하고// 그해 초여름, 내 그해 초여름
           — 〈그해 초여름〉 전문

 '장미꽃잎' '꾀꼬리소리' '바람 소리' '들꽃' '오리 떼', '산절의 종소리' '별밤' '저녁놀' 등 그립고 아름다운 것들이 나열되고 있다. 인간 세상사는 없다. 해서 슬픔의 그림자는 그 어디에서도 찾아볼 수 없는 시다.
 그러나 이 그립고 아름다운 것들은 모두 다 오직 '너'로 수렴되고 있는 시이기도 하다. '그해 초여름'에 '치맛자락에 맴도는 싱그런 바람 소리'의 '너'로 집중되기 위해 모든 삼라만상이 동원되고 있다.
 아니 다시 읽어보면 삼라만상 그 모두가 시인의 첫사랑 첫

마음의 '너'가 되어 그립고 아름답게 펼쳐지고 있다. 시인은 이렇게 세상을 처음으로 열리게 한 '그래 초여름'의 첫 마음, 첫사랑으로 돌아가 '그해 초여름'을 '내' 것으로 온전히 열어젖히고 있다.

시인은 나이 구순에 시력(詩歷)만도 70년을 바라보고 있다. 그러면서도 항상 낮은 데 임하면서 안타까워하고 부끄러워하고 뉘우치면서 시를 써오고 있다. 항상 첫 마음 첫 순정의 그리움으로 무사기(無邪氣)하게 시를 써오며 우리 시대 시성의 반열에 오른 시인이 신경림 시인이다.

이경철 abkcl@hanmail.net
시인, 문학평론가. 저서로《천상병, 박용래 시 연구》《미당 서정주 평전》《현대시에 나타난 불교》등과 시집《그리움 베리에이션》, 편저 한국 현대시 100년 기념 명시, 명화 100선 시화집《꽃필 차례가 그대 앞에 있다》《시가 있는 아침》등이 있음. 현대불교문학상, 질마재문학상, 유심작품상 등 수상.